はじめに

　本書は、マララ・ユスフザイさんの国連演説の全文に、本人へのインタビューや、マララさんとその父親であるジアウディンさんに対する父娘インタビューを加えた構成になっています。

　これらは世界最大のニュース専門テレビ局CNNの放送から選りすぐって収録したものです。教材用に環境の整ったスタジオで録音されたものではないため、CDにはやや音質のよくない個所も一部ありますが、あらかじめご了承ください。全体としてはとても臨場感に富んだ音声がお楽しみいただけるはずです。

　マララさんはパキスタンの出身ですから、教材用の英語ばかりを聞いてきた方には、彼女の英語のアクセント（なまり）が少し気になるかもしれません。しかし、堂々と語るマララさんの演説に聴衆は耳を傾け、感動し、拍手を送っています。また、インタビューでは時に早口になる彼女の発言も、相手に通じず聞き返されるといったことはありません。細かい文法上の誤りなどはもちろんあるものの、コミュニケーションは完全に成立しています。英米に片寄らないグローバル時代の英語として、マララさんの演説やインタビューはきっと多くの示唆を与えてくれるでしょう。

　インターネットの活用が進んだ今日、マララさんの動画などもネット上で多く見られますが、英語学習者からは、スクリプトが実際に話されているものと違っていたり、単語の説明がなかったりすることを残念がる声も聞こえてきます。

　そこで本書は、実際に話されている通りの英文を掲載するとともに、丁寧な語注を付け、見やすい英日対訳形式のレイアウトにしてあります。また、プロフィールと略年表を付け、背景知識に通じていない方にも理解しやすいように配慮いたしました。さらに、本書ご購入者は電子書籍版（PDF）の無料ダウンロードができるようになっていますので、スマートフォンやタブレットなどにCD音声を移して外出先でもリスニングしようという方々には特に便利です。

2014年2月
『CNN English Express』編集部

● CD収録時間：36 分 35 秒

- CD 収録コンテンツのオリジナル著作権は、特に記載がない限り、CNN にあります。
- 本書掲載写真は、特に記載がない限り、CNN の放送から流用されたもの、もしくは CNN から提供されたものです。
- 本書の収録コンテンツには月刊英語学習誌『CNN English Express』の記事・音声を再編集したものが一部含まれます。
- 『CNN English Express』についての詳しい情報は下記をご覧ください。
    ホームページ　　　http://ee.asahipress.com/
    ツイッター　　　　http://twitter.com/asahipress_ee
    フェイスブック　　http://www.facebook.com/CNNEnglishExpress
- CNN の番組視聴については下記をご覧ください。
    　　　　　　　　　http://www.jctv.co.jp/cnnj/
- CNN のニュースをネットで読むには下記へアクセスしてください。
    英語サイト　　　　http://www.cnn.com/
    日本語サイト　　　http://www.cnn.co.jp/

CNN name, logo and all associated elements TM and © 2014 Cable News Network. A TimeWarner Company. All rights reserved.

■ Contents

- はじめに ・・ 01
- マララ・ユスフザイ　プロフィール / 略年表 ・・・・・・・・・・・・・・・・・・・・・・・・・・ 04

銃撃前のインタビュー「今、声を上げなくては」・・・・・・・・・[CD Track01-10] 05
Icon of Courage

国連演説「ペンと本で世界は変わる」・・・・・・・・・・・・・・[CD Track11-26] 25
Not to Be Silenced

父娘インタビュー「世界一の勇気の育て方」・・・・・・・・・・[CD Track27-43] 57
Where Does Courage Come From?

- CD ナレーション原稿 ・・ 91
- 電子書籍版（PDF）の入手方法 ・・・・・・・・・・・・・・・・・・・・・・・・・・・・・・・・・ 96

マララ・ユスフザイ

■ プロフィール

誕生日	1997年7月12日
出生地	パキスタン・イスラム共和国カイバル・パクトゥンクワ州（旧名：北西辺境州）スワート県ミンゴラ生まれ。スワート県は美しい渓谷地帯で、その中心地のミンゴラは「東洋のスイス」といわれた
現住地	英国バーミンガム
家族	父ジアウディン（Ziauddin）、母トール・ペカイ（Tor Pekai）、2歳下の弟クシャル（Khushal）、7歳下の弟アタル（Atal）の5人家族。ジアウディンはミンゴラで私立学校を経営する教育者だったが、英国移住後はバーミンガムにあるパキスタン領事館で教育担当職員として働くとともにゴードン・ブラウン国連グローバル教育担当特使の特別顧問を務めている
民族	パシュトゥン人の最大の部族であるユスフザイ族に属する。パシュトゥン人はアフガンなどとも呼ばれ、アフガニスタンでは最大勢力であり、パキスタンでも人口の11％を占めている
言語	パシュトゥン人の言葉であるパシュトー語のほか、パキスタンの国語のウルドゥー語、公用語の英語などを話す
宗教	スンニ派イスラム教徒

■ 略年表

2008	9月	州都ペシャワールの地元記者クラブでスピーチを行い、教育を受ける権利をタリバンが奪っていると訴える
2009	1月3日	BBCのウルドゥー語ブログに、グル・マカイというペンネームで日記の投稿を開始。タリバン支配下での抑圧された日常をつづり、注目を集める
	3月12日	BBCのブログへの投稿を終了。国内外のメディアから多くの取材を受け始める
	12月	グル・マカイの正体はマララであることが記事で明かされたため、テレビなどに堂々と出演して女性の権利を主張することを始める
2011	12月	パキスタン政府が18歳未満を対象として創設した「国家平和賞」の最初の受賞者となる
2012	10月9日	下校途中のスクールバスでタリバン兵に銃撃される。頭部に弾を受けながら、奇跡的に一命をとりとめた。友人2名も負傷 [→本書 p.5]
	10月15日	高度な治療が受けられる英国バーミンガムの病院へ移送
2013	1月3日	退院に至る。以後もそのままバーミンガムに滞在
	1月9日	女性の権利向上などに貢献した人に対する国際的な賞であるシモーヌ・ド・ボーボワール賞を受賞
	4月4日	世界女性サミットへ送ったビデオメッセージで、「マララ基金」でパキスタンの少女就学支援を開始することを発表
	7月12日	国連がマララの誕生日である7月12日をマララ・デーと定めたことを記念して、ニューヨークの国連本部で演説 [→本書 p.25]
	10月8日	自伝『I am Malala』が出版される（日本語版『わたしはマララ』は同年12月発売）
	10月10日	人権と思想の自由を守るために活躍した個人や団体に与えられるサハロフ賞を受賞。また、この日、マララと父ジアウディンへの公開インタビューがCNN国際特派員クリスティアン・アマンプールによって行われる [→本書 p.57]

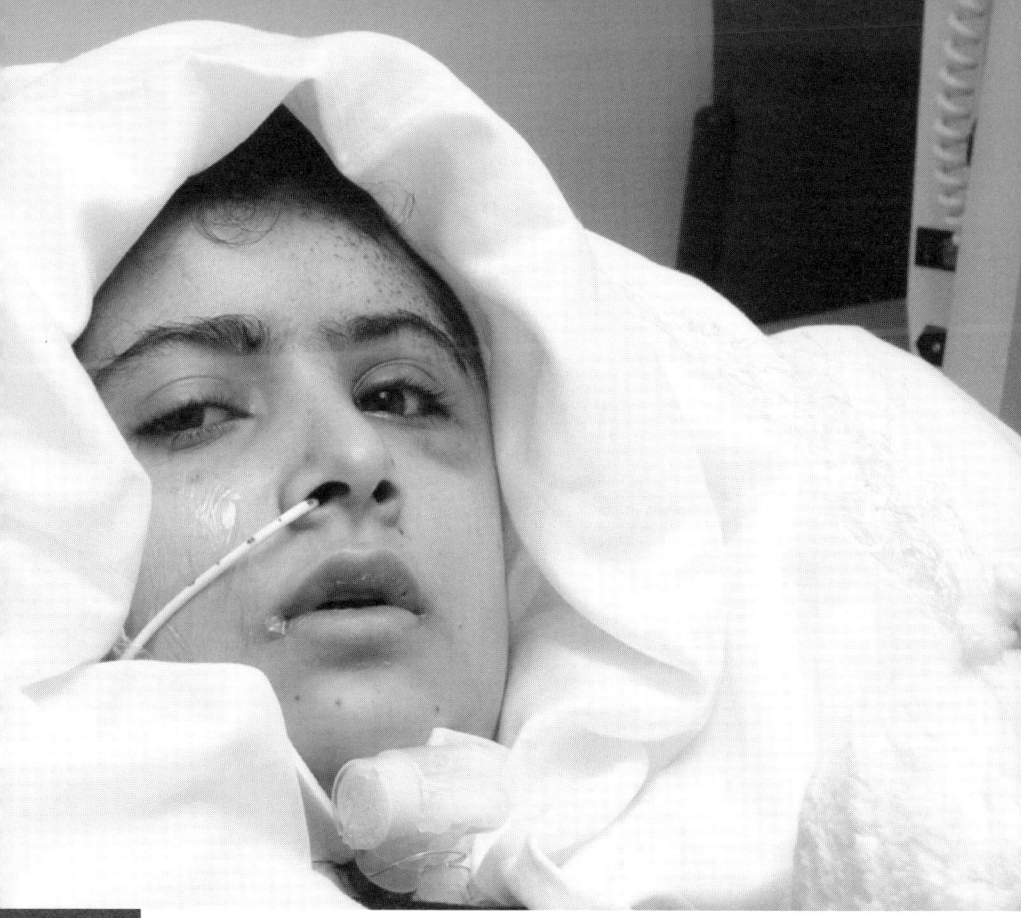

Icon of Courage

銃撃前のインタビュー
「今、声を上げなくては」

女の子が教育を受ける権利を幼いころから主張し、抑圧的なタリバンを批判してきたパキスタンの少女、マララ・ユスフザイさん。その彼女が、2012年10月9日、スクールバスで下校途中にタリバン兵の銃撃を受けて頭部に重傷を負った。
この悲劇に世界中から回復を願う祈りが彼女に送られたが、奇跡的に一命をとりとめたマララさんが教育への思いを改めて訴えると、銃弾にも屈することのないその強さに多くの人が心を動かされ、支援の輪はさらに広がっていった。
CNNは銃撃の約1年前の2011年11月にマララさんへのインタビューを行っているので、銃撃後の彼女の声と併せてここに収録する。一貫した思いに耳を傾けてみよう。

写真：University Hospitals Birmingham NHS Foundation Trust/AP/アフロ

 Track 02

INTERVIEWS WITH MALALA:
Icon of Courage

■なぜ自分の身を危険にさらすのか

CNN   So, why do you risk your life to raise your voice?

Malala Yousafzai   Because I thought that my people need me. And I shall raise my voice, because...because if I didn't raise my voice now, so when will I rise...raise my voice?

CNN   Some people might say: "You're 14. You don't have any rights. You just have to listen to Mom and Dad."

Yousafzai   No. I have rights. I have the right of education. I have the right to play. I have the right to sing. I have the right to talk. I have the right to go to market. I have the right to speak up.

---

icon: 偶像、象徴 courage: 勇気、勇敢 risk: （命などを）危険にさらす	shall do: 《意志未来》なんとしても～するつもりだ raise one's voice: 声を上げる、抗議する	right: 権利　▶ここでいくつかの権利が主張されているが、タリバンはかつて、スワート地区の女性に対し、教育のほかテレビや音楽、買い物なども禁じていた。

銃撃前のインタビュー
「今、声を上げなくては」

CNN それで、なぜ命の危険を冒してまで声を上げるのですか。

マララ・ユスフザイ みんなが私を必要としていると思ったからです。そして、これからも声を上げていきます。だって、今声を上げなければ、いつ上げるのでしょうか。

CNN こんなことを言う人がいるかもしれませんよ、「きみは14歳だ。何の権利もない。おとなしくお父さんとお母さんの言うことを聞いていればいいんだ」と。

マララ いいえ。私には権利があります。教育を受ける権利があります。遊ぶ権利があります。歌う権利があります。話す権利があります。買い物に行く権利があります。私には意見を言う権利があるのです。

---

listen to:
〜の言うことを聞く、〜の意見に従う
Mom:
ママ、お母さん

Dad:
パパ、お父さん
education:
教育

speak up:
自分の考えを口に出す、率直に言う

 Track 03

Interviews with Malala: Icon of Courage

■勇気の出ない子には何と言う？

CNN Well, what if you give that advice to a girl who may not be as courageous as you, and she says, "Malala, I'm afraid; I just want to stay in my room"?

Yousafzai So, I'll tell her that, "Don't stay in…in your room, because God will ask you on the ju…on the day of judgment that, 'Where were you when your people were asking you, when your schoolfellows were asking you, and when your school was asking you that "I am being blown up?"' When your people need you, you should come, and you should s…stand up for their rights."

what if: 〜だとしたらどうするか give advice to: 〜に助言する、アドバイスする	courageous: 勇気のある、勇敢な be afraid: 怖い、恐ろしいと思う	stay in one's room: 部屋にこもっている the day of judgment: 審判の日、最後の審判

銃撃前のインタビュー
「今、声を上げなくては」

CNN では、あなたほどの勇気はないと思える女の子に、あなたのその考えをアドバイスとして伝えたとき、その子が、「マララ、私は怖いの。ずっと部屋にこもっていたい」と言ったらどうしますか。

マララ だったら、こう言います。「部屋にこもっていてはだめよ。審判の日に、神はきっとこうお尋ねになるのだから。『「私、このまま爆破されて死んでしまうの?」と人々が、学友が、学校が聞いてきたとき、あなたはどこにいたのか』と。人々から必要とされているときには、出てくるべきだし、その人たちの権利のために闘わなくては」ってね。

schoolfellow: 学友、同じ学校の友達	blow up: 〜を爆破する、吹き飛ばす	stand up for: 〜のために立ち上がる、立ち向かう

 Track 04

INTERVIEWS WITH MALALA:
Icon of Courage

■もしこの国の指導者だったら

CNN   If you were the president of this country, how would you handle the Taliban?

Yousafzai   First of all, I would like to build so many schools in this country, because education is the must thing. If you don't have educated people, so the Taliban will come to your area. But if you have educated people, they will not come.

CNN   Well, educated or not, the Taliban come with bombs and guns. How do you handle that? Do you still talk to them, or do you call in the army? What do you do?

Yousafzai   First of all, I would like to talk to them.

handle: 〜に対処する、〜を処理する Taliban: タリバン ▶パキスタンとアフガニスタンで活動するイスラム原理主義組織。	first of all: まず第一に would like to do: 〜したいと思う	...is the must thing: ▶「なくてはならないものである、必須である」という意味で使われているが、英語的には...is a must と言うほうが適切。

銃撃前のインタビュー
「今、声を上げなくては」

CNN もしあなたがこの国の大統領だったら、タリバンにはどのように対処しますか。

マララ まず第一に、非常にたくさんの学校をこの国に建てたいと思います。教育はぜったいに必要なものだから。人々が教育を受けていなければ、その地域にはタリバンが来るでしょう。でも、人々が教育を受けていれば、タリバンは来ません。

CNN でも、教育を受けていてもいなくても、タリバンは爆弾や銃を持ってやってきますよ。それにはどう対処しますか。それでも話し合いますか、それとも、軍隊の協力をあおぎますか。どうしますか。

マララ まず、話し合いたいです。

---

educated:
教育を受けた、教養のある
area:
地域、地帯

bomb:
爆弾
still:
それでも、それでもやはり

call in:
〜を呼ぶ、出動させる
army:
軍隊

 Track 05

INTERVIEWS WITH MALALA: Icon of Courage

■タリバンが学校を閉鎖しろと言ってきたら

CNN　What would you say?

Yousafzai　I would say that, "What are your demands? What do you want?"

CNN　"We want you to shut down the school," is what they'd say.

Yousafzai　So, I'll tell them that, "Don't shut our schools, because school…"

CNN　"You're 14. You have no idea what you're talking about. We're going to shut down your school."

Yousafzai　So… Give me a second. So, first of all, I will show them Koran, what Koran says. Koran didn't say that girls are not allowed to go to school.

---

demand: 要求、要望 **shut down:** 〜を閉鎖する	**have no idea what:** 〜がどんなことだかまったく分かっていない	**Give me a second.:** ちょっと待ってください **show A B:** AにBを見せる、示す

銃撃前のインタビュー
「今、声を上げなくては」

CNN 何と言いますか。

マララ 「あなたたちは何が望みですか。何を求めているんですか」って言いますね。

CNN 「われわれはおまえたちがは学校を閉鎖することを求める」と彼らは言いますよ。

マララ だったら、こう言います。「学校を閉鎖しないでください。なぜなら学校は……」

CNN 「おまえは14歳だ。自分が何を言っているのか、おまえにはまったく分かっていないのだ。われわれは学校を閉鎖する」

マララ だったら……ちょっと待ってください。そうですね、まず最初に、コーランを、コーランに書かれていることを見せます。コーランには、女の子は学校に行ってはいけないなんて、書かれていなかったはずです。

Koran: コーラン ▶イスラム教の聖典。	say: （本などに）〜と書いてある	allow...to do: …が〜することを許す、認める

 Track 06

Interviews with Malala:
Icon of Courage

■勇気をくれるものは？

CNN　Weren't you scared? I mean, the Taliban's pretty scary. How do you overcome your fear? How do you say, "I'm not going to be afraid"? Where do you find the courage?

Yousafzai　I found courage because of my father; he supported me a lot. And my people, my friends at school, supported me a lot, and media supported me a lot.

be scared: 怖がる、おびえる I mean: つまり、言いたいのは	pretty: かなり、とても scary: 恐ろしい、怖い	overcome: 〜を克服する、乗り越える fear: 恐れ、恐怖

銃撃前のインタビュー
「今、声を上げなくては」

CNN 怖くなかったですか。タリバンはとても恐ろしいでしょうに。どのように恐怖を克服しているんですか。どうしたら「私は恐れない」などと言えるんでしょう？ そういう勇気はどこで手に入れるのですか。

マララ 勇気が持てるようになったのは父のおかげです。たくさん助けてもらいましたから。人々にも、学校の友達にも、たくさん助けてもらいました。それから、報道機関の皆さんにもたくさん助けてもらいました。

because of: 〜のために、〜のおかげで	support: 〜を支える、支持する	media: マスコミ、報道機関

Interviews with Malala: Icon of Courage

■将来的には政治家になりたい

CNN　So, what are you going to do with the rest of your life?

Yousafzai　I want to spend my life serving people. I will be a social activist till my death. And I want to be a politician in future. And I want to serve this nation, because this country needs good leaders, honest leaders. I think that...that a politician should think about his people, about his nation. He should have the feelings inside for his people, for their betterment, for their empowerment. So then, this country will be...will be rising; this country will be rising in this whole world.

Interviewed in November 2011/Re-aired on January 28, 2013

the rest of: 〜の残り **spend...doing:** 〜をして…を過ごす、〜するのに…を費やす	**serve:** 〜に奉仕する、〜のために尽くす **social activist:** 社会運動家	**politician:** 政治家 **in (the) future:** 将来は、将来的には

銃撃前のインタビュー
「今、声を上げなくては」

CNN それで、この先はどうするおつもりですか。

マララ 一生、みんなのために働きたいと思います。死ぬまで社会活動家でいるつもりです。そして、将来は政治家になりたいですね。この国に尽くしたいんです、この国にはいい指導者、誠実な指導者が必要だから。私の考えでは、政治家は国民のこと、国のことを考えるべきです。心の底から国民を思いやって、国民の生活の改善や、力の向上を考えるべきです。そうすれば、この国は発展していきます。この広い世界の中でも、この国こそが発展していくのです。

nation: 国、国家 **honest:** 正直な、誠実な	**betterment:** 改善、向上 **empowerment:** 力を与えること	**rise:** 向上する、上昇する **(the) whole world:** 全世界

Interviews with Malala: Icon of Courage

■タリバンによる銃撃事件

She is the Pakistani schoolgirl who took on the Taliban. The daughter of a Swat Valley school principal, Malala Yousafzai had become a high-profile campaigner for girls' education. For that, on October the 9th, 2012, she was targeted by the Taliban, shot in the head on her way home from school with friends.

"When we saw the gun, we started screaming," Kainat says. "He asked, 'Who's Malala?' I don't think anyone told him, but he recognized Malala and started shooting."

Pakistani: パキスタン人の **take on:** （手ごわい相手と）戦う、対決する **school girl:** 女子生徒、女子学生	**Swat Valley:** スワート渓谷（けいこく） **school principal:** 校長 **high-profile:** 注目を浴びている、目立った	**campaigner:** 運動家、活動家 **target:** 〜を標的にする、狙う

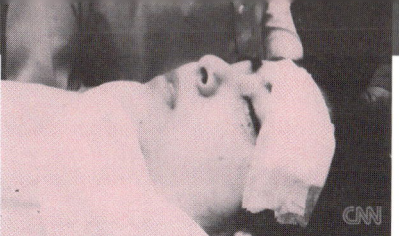

銃撃前のインタビュー
「今、声を上げなくては」

　彼女はタリバンに立ち向かったパキスタン人の女子生徒です。スワート渓谷にある学校の校長の娘であるマララ・ユスフザイさんは、女子が教育を受ける権利を求める活動家として注目を浴びていました。そのため、2012年10月9日、タリバンの標的にされ、友人たちと下校中に頭部を撃たれました。

　「銃を見て、私たちは悲鳴をあげました」とカイナトさんは言います。「男は聞きました、『どいつがマララだ？』と。だれも教えなかったはずです。でも、男にはマララのことが分かって撃ち始めたんです」

| on one's way home from school:
下校途中で
scream:
悲鳴を上げる、鋭い叫び声を上げる | Kainat:
カイナト　▶マララさんの友人のカイナト・アフマドさん。当時16歳の彼女もマララさんと一緒に銃撃を受け重傷を負ったが、事件後も教育を受けることの大切さを訴え、「私は勉強を続けます」と語っている。 | recognize:
（人を）識別する、見分ける |

Interviews with Malala: Icon of Courage

■国連がマララ・デーを定めることに

　The 14-year-old activist was evacuated to the United Kingdom, and as she battled to survive her injuries, the attempt on her life was widely condemned. Rallies and vigils were held around the world.

　Malala had become a global icon, and to honor her cause, the United Nations declared November the 10th Malala Day.

　"I am adding my voice to the messages from over 1 million people across the globe. Education is a fundamental human right. It is a pathway to development, tolerance and global citizenship." (Ban Ki-moon, UN Secretary-General)

　The schoolgirl still faces many months of recovery in the UK, but her voice has been heard and continues to echo.

Aired on January 28, 2013

14-year-old: 14歳の　▶当時の報道では14歳としたものが多かったが、正しくは15歳。 **evacuate A to B:** AをBに避難させる、移す **battle to do:** 〜するために闘う **survive:** 〜を切り抜けて生き残る	**injury:** けが、負傷 **attempt on someone's life:** 〜を殺す企て、〜への殺人未遂 **widely:** 広く、広範囲にわたって **condemn:** 〜を厳しく非難する、責める **rally:** 集会	**vigil:** 夜を徹した祈り **honor:** 〜を称賛する、ほめたたえる **cause:** 信念、大義 **declare A B:** AをBだと宣言する

銃撃前のインタビュー
「今、声を上げなくては」

　この14歳の活動家は英国に搬送されましたが、マララさんが瀕死(ひんし)の重傷を乗り越えようと闘っている間にも、彼女の命を狙った企ては各方面から激しく非難されました。集会や、夜を徹した祈りが世界中で行われました。

　マララさんは世界的な象徴となり、彼女の信念をたたえて、国連は11月10日をマララ・デーにすると発表しました。
　「全世界の100万を超える人々が掲げているメッセージに、私も声を重ねます。教育は基本的人権です。それは発展へ、寛容へ、そして地球市民へ至るための道なのです」(潘基文(パン・ギムン)　国連事務総長)

　英国のマララさんの回復にはまだ何カ月もかかりますが、その声は世界中に届き、響き続けています。

November the 10th Malala Day:
11月10日をマララ・デーに
▶この時点では、マララさんが銃撃されて1カ月と1日後の11月10日をマララ・デーにするとされていたが、その後変更され、7月12日(マララさんの誕生日)がマララ・デーになっている。

the globe:
地球
fundamental human right:
基本的人権
pathway:
進路、道
tolerance:
寛大、寛容
global citizenship:
地球市民としての身分

UN Secretary-General:
国連事務総長
face:
〜に直面する
recovery:
回復、復帰
echo:
こだまする、反響する

Track 10

INTERVIEWS WITH MALALA:
Icon of Courage

■奇跡的に一命をとりとめたマララさんへのインタビュー

Yousafzai   Today, you can see that I am alive. I can speak. I can see you. I can see everyone. And today, I can...I can speak, and I'm getting better day by day. It's just because of the prayers of people, because all the people—men, women, children—all of them, all of them have prayed for me. And because of these prayers, God...God has given me this new life. And this is a second life; this is a new life. I want to serve; I want to serve the people. And I want every girl, every child, to be educated. And for that reason, we have organized Malala Fund.

Aired on February 4, 2013

be alive: 生きている **get better:** よくなる、快方に向かう	**day by day:** 日ごとに **prayer:** 祈り	**pray for:** 〜のために祈る

銃撃前のインタビュー
「今、声を上げなくては」

マララ 今日、私はこうして生きている姿をお目にかけることができます。口がきけます。あなたを見ることができます。みんなを見ることができます。そして今日、私は話すことができますし、毎日少しずつよくなっています。それはひとえにみんなの祈りのおかげです。みんなが――男の人も、女の人も、子どもたちも――みんなが、私のために祈ってくれたおかげです。そうしたみんなの祈りのおかげで、神はこうして新たな命を私に与えてくださいました。これは第二の人生です。新しい命です。私は尽くしたいと思います。みんなに尽くしたいと思います。私の望みは、女の子みんなが、子どもみんなが、教育を受けられるようになることです。そのために、私たちはマララ基金を立ち上げました。

(2013年6月号掲載)(訳　安野玲)

| for that reason:
そんなわけで、そういう理由で | organize:
〜を組織する | fund:
基金 |

Not to Be Silenced

国連演説
「ペンと本で世界は変わる」

現国連事務総長の潘基文氏は、グローバル・エデュケーション・ファースト・イニシアティブを2012年に立ち上げるなど教育に力を入れているが、2013年より毎年7月12日をマララ・デーとすることに決定し、教育推進運動の一層の活性化を図っている。それを記念し、マララさんの16歳の誕生日である2013年7月12日、ニューヨークの国連本部で彼女のスピーチが行われた。大きな声で、ゆっくりと、一語一語に思いを込めながら力強く語られたこのスピーチは、メディアやネットを通じて世界中に届けられ、多くの感動の声を呼んだ。ここに、その全文を収録する。

なお、マララさん本人の原稿にならい、イギリス英語の表記にしてあることに注意。

写真：©Plan International/Alexandra K. Letelier

Malala's Speech at the United Nations: Not to Be Silenced

■あいさつの言葉

In the name of God, the most beneficent, the most merciful. Honourable UN Secretary-General Mr. Ban Ki-moon; Respected President General Assembly Vuk Jeremic; Honourable UN Envoy for Global Education Mr. Gordon Brown; Respected elders and my dear brothers and sisters: *As-salamu alaykum.*

---

silence:
①〜を黙らせる ②沈黙
in the name of:
〜の名において ▶In the name of God...the most merciful. はイスラム教徒の祈りにおける決まった表現。
beneficent:
慈悲深い、情け深い
merciful:
慈悲深い、情け深い

honourable:
＝honorable ①《敬称》閣下 ②尊敬すべき、立派な
UN Secretary-General:
国連事務総長
Ban Ki-moon:
潘基文（パン・ギムン） ▶第8代国連事務総長。1944年生まれ、韓国出身。

respected:
尊敬されている、評価の高い
General Assembly:
（国連の）総会 ▶President General Assembly は President of the General Assembly とするのが適切。
Vuk Jeremic:
ブーク・イェレミッチ ▶第67回国連総会議長。1975年生まれ、セルビア共和国出身。

国連演説
「ペンと本で世界は変わる」

　慈悲あまねく慈愛深き 神(アッラー)の御名(みな)において。
　潘基文(パン・ギムン)国連事務総長閣下、ブーク・イェレミッチ国連総会議長殿、ゴードン・ブラウン国連グローバル教育担当特使閣下、尊敬する年長者の皆さま、そして親愛なる兄弟姉妹の皆さん。こんにちは(アッサラーム・アライクム)。

UN (Special) Envoy for Global Education:
国連グローバル教育担当特使
Gordon Brown:
ゴードン・ブラウン　▶前英国首相(在任期間:2007-2010)。1951年生まれ。
elder:
年長者、年配者

my dear brothers and sisters:
親愛なる兄弟姉妹の皆さん
▶マララさんたちパシュトゥン人は同胞意識が強く、実際の家族でなくても男性はだれでも兄弟、女性はだれでも姉妹と考える傾向があるという。

As-salamu alaykum.:
《アラビア語》こんにちは
▶「平安があなたの上にありますように」が文字通りの意味だが、朝・昼・夜を問わず、あいさつの言葉として使われる。

Malala's Speech at the United Nations: Not to Be Silenced

■故ブット首相のショールを身に着けて

Today, it is an honour for me to be speaking again after a long time. Being here with such honourable people is a great moment in my life. And it's an honour for me that today I'm wearing a shawl of Benazir Bhutto Shahid.

I don't know where to begin my speech. I don't know what people will be expecting me to say. But first of all, thank you to God, for whom we all are equal. And thank you to every person who has prayed for my fast recovery and a new life. I cannot believe how much love people have shown me. I have received thousands of good-wish cards and gifts from all over the world. Thank you to all of them. Thank you to the children whose innocent words encouraged me. Thank you to my elders whose prayers strengthened me.

honour: = honor 栄誉、光栄 **shawl:** 肩かけ、ショール ▶入院中のマララさんに、故ブット首相の遺族から遺品のショールが届けられた。	**Benazir Bhutto:** ベナジル・ブット ▶1953年生まれ。パキスタン人民党の総裁就任後、1988年にイスラム諸国初の女性首相に。2007年、銃撃と自爆テロにより殺害される。 **Shahid:** 《アラビア語》(イスラム教の)殉職者	**expect...to do:** …が〜することを期待する、求める **first of all:** まず第一に **equal:** 平等な、同等な

国連演説
「ペンと本で世界は変わる」

　今日は久しぶりにスピーチをさせていただけて光栄です。このような尊敬すべき方々と一緒にこの場にいられるのは、私の人生の素晴らしい瞬間です。そして、今日、殉教者ベナジル・ブットのショールを身に着けていることも、私は名誉に思っています。

　スピーチをどこから始めるべきでしょうか。皆さんが私にどんなことを言ってほしいと思っていらっしゃるのか、私には分かりません。でもまず初めに、その前では私たちみなが平等である神に感謝します。そして、私の早い回復と新たな人生を祈ってくださったすべての方に感謝します。皆さんが示してくださった愛の大きさは、私には信じられないほどです。お見舞いのメッセージカードや贈り物を世界中から数えきれないくらいいただきました。それらすべてに感謝します。素朴な言葉で私を励ましてくれた子どもたち、ありがとう。祈りの言葉で私を力づけてくれた年長者の皆さま、ありがとうございます。

pray for: 〜のために祈る、〜を願って祈る **recovery:** 回復、復帰 **show A B:** AにBを見せる、示す **receive:** 〜を受け取る、もらう	**thousands of:** 何千もの、数え切れないほどの ▶「何万もの」、「何十万もの」という意味でも使われる。 **good-wish card:** お見舞いのメッセージカード、励ましのはがき	**innocent:** 純真な、素朴な **encourage:** 〜を勇気づける、励ます **prayer:** 祈り、祈りの言葉 **strengthen:** 〜を元気づける、心強くする

 Track 14

MALALA'S SPEECH AT THE UNITED NATIONS:
Not to Be Silenced

■国連の世界教育推進運動を支持する

I would like to thank my nurses, doctors and the staff of the hospitals in Pakistan and the UK, and the UAE government, who have helped me to get better and recover my strength.

I fully support Mr. Ban Ki-moon, the Secretary-General, in his Global Education First Initiative and the work of the UN Special Envoy Mr. Gordon Brown and the Respected President General Assembly Vuk Jeremic. I thank all of them for the leadership that they continue to give. They continue to inspire all of us to action.

would like to do:	UAE:	help...do:
〜したいと思う	= United Arab Emirates　アラブ首長国連邦　▶銃撃されたマララさんをパキスタンの病院から英国の病院に移送する際、UAEが王族専用の飛行機を提供した。	…が〜するのを助ける、…が〜するのに一役買う
staff:		**get better:**
(集合的に) 職員、スタッフ		よくなる、快方に向かう
UK:		
= United Kingdom　英国		

国連演説
「ペンと本で世界は変わる」

　パキスタンと英国の病院の看護師、医師、職員の皆さんに、そしてアラブ首長国連邦政府に感謝したいと思います。私が回復し元気を取り戻せたのは皆さんのおかげです。

　私はグローバル・エデュケーション・ファースト・イニシアティブに関して潘基文(バン・ギムン)国連事務総長を全面的に支持しますし、ゴードン・ブラウン国連特使とブーク・イェレミッチ国連総会議長の努力を全面的に支持します。これらの方々が発揮し続けているリーダーシップに感謝します。いつも彼らに刺激を受けて、私たちはみんなで行動を起こそうという気持ちになれているのです。

recover one's strength: 元気を取り戻す、元気を回復する **fully:** 完全に、まったく	**Global Education First Initiative:** グローバル・エデュケーション・ファースト・イニシアティブ ▶国連事務総長の潘基文が主導する世界教育推進運動。	**continue to do:** 〜し続ける **inspire...to action:** …に行動を起こさせる、…を行動する気にさせる

 Track 15

MALALA'S SPEECH AT THE UNITED NATIONS:
Not to Be Silenced

■ マララ・デーは私の日ではない

　Dear brothers and sisters, do remember one thing: Malala Day is not my day. Today is the day of every woman, every boy and every girl who have raised their voice for their rights. There are hundreds of human-rights activists and social workers who are not only speaking for their rights but who are struggling to achieve their goal of peace, education and equality. Thousands of people have been killed by the terrorists, and millions have been injured. I'm just one of them.

　So here I stand…. So here I stand, one girl among many. I speak not for myself but for those without voice can be heard, those who have fought for their rights—their right to live in peace, their right to be treated with e…with e…with dignity, their right to equality of opportunity, their right to be educated.

raise one's voice: 声を上げる、抗議する **human-rights activist:** 人権活動家 **social worker:** 社会福祉指導員、ソーシャルワーカー	**speak for:** ①〜を欲しいと言う、口に出して〜を要求する　②〜に代わって発言する、〜を代弁する **struggle to do:** 〜しようと努力する、奮闘する	**achieve one's goal:** 目標を達成する **equality:** 平等、等しいこと **terrorist:** テロリスト

国連演説
「ペンと本で世界は変わる」

　親愛なる兄弟姉妹の皆さん、どうかこれだけは覚えておいてください。マララ・デーは私の日ではありません。今日は、権利のために声を上げたすべての女性、すべての少年少女の日です。何百人もの人権活動家やソーシャルワーカーがいて、権利を求めて発言するだけでなく、平和、教育、平等という目標を達成するために闘っています。これまでに何千何万もの人々がテロリストに殺され、何百万人もが負傷させられました。私はその中のひとりにすぎません。

　ですから私は、ここに立って……ですから私は、大勢の中のひとりの少女としてここに立っています。私は自己主張をするのではなく、みんなに届く声を持たない人々や、権利——平和に暮らす権利、尊厳のある扱いを受ける権利、平等な機会を得る権利、教育を受ける権利——を求めて闘ってきた人々の代弁者としてお話しします。

---

injure:
〜を傷つける、けがさせる
without voice:
▶without a voiceとするのが文法的には正しい。
fight for:
〜のために闘う

in peace:
平和に、穏やかに
treat:
〜を取り扱う、待遇する
dignity:
威厳、尊厳

opportunity:
機会、チャンス
educate:
〜を教育する、学ばせる

 Track 16

MALALA'S SPEECH AT THE UNITED NATIONS:
Not to Be Silenced

■銃撃はタリバンにとって失敗だった

　Dear friends, on the 9th of October 2012, the Taliban shot me on the left side of my forehead. They shot my friends too. They thought that the bullet would silence us. But they failed. And out of that silence came thousands of voices. The terrorists thought that they would change my aims and stop my ambitions, but nothing changed in my life except this: weakness, fear and hopelessness died; strength, power and courage was born. I am the same Malala. My ambitions are the same. My hopes are the same. And my dreams are the same.

Taliban: タリバン ▶パキスタンとアフガニスタンで活動するイスラム原理主義組織。 **forehead:** 額（ひたい）	**bullet:** 銃弾、弾丸 **fail:** 失敗する、しくじる **come out of:** ～から出てくる、生じる	**aim:** 目標、目的 **ambition:** 野心、大志

国連演説
「ペンと本で世界は変わる」

　親愛なる皆さん、2012年10月9日、私はタリバンに額の左側を撃たれました。私の友達も撃たれました。彼らは銃弾が私たちを黙らせるだろうと考えたのです。しかし、彼らの目論見は失敗でした。そうやって黙らせようとしたことが、何千何万もの声を生むことになってしまったのです。テロリストたちが私に目標を変えさせ、私の志を阻止しようと考えたにもかかわらず、私の生き方に変わったことなど何ひとつないのですが、例外はこれです。すなわち、弱さと恐怖と絶望が死に絶え、強さと力と勇気が生まれたのです。私は以前と同じマララです。私の志は変わっていません。私の希望は変わっていません。そして、私の夢は変わっていません。

except: 〜以外は、〜を除いては **weakness:** 弱さ、ぜい弱性	**fear:** 恐れ、恐怖 **hopelessness:** 絶望	**strength:** 強さ、強み **courage:** 勇気、勇敢

 Track 17

MALALA'S SPEECH AT THE UNITED NATIONS:
Not to Be Silenced

■ タリバンの子どもにも教育を受けさせたい

　Dear sisters and brothers, I'm not against anyone. Neither am I here to speak in terms of personal revenge against the Taliban or any other terrorist group. I'm here to speak up for the right of education of every child. I want education for the sons and daughters of the Taliban and all the terrorists and extremists. I do not even hate the Talib who shot me. Even if there is a gun in my hand and he stands in front of me, I would not shoot him.

be against:	in terms of:	speak up for:
〜に反対する、敵対する	〜に関して、〜の観点から	〜をはっきりと主張する
neither:	revenge:	extremist:
もまた〜ない	復讐（ふくしゅう）、報復	過激主義者、過激派

国連演説
「ペンと本で世界は変わる」

　親愛なる兄弟姉妹の皆さん、私はだれも敵視していません。私がここでこうしてお話ししているのも、タリバンに対してであれどこか他のテロ組織に対してであれ、個人的な復讐心を抱いているからではありません。私がここに来たのは、すべての子どもに教育を受ける権利があることをはっきりと主張するためです。タリバンをはじめとしたすべてのテロリストや過激派の息子たちや娘たちにも、教育を受けさせてほしいと思います。私を撃ったタリバン兵のことも、私は憎んでいません。たとえ私の手に銃があり、その兵士が目の前に立っていたとしても、私は撃たないでしょう。

especially: 特に、とりわけ **hate:** 〜を嫌悪（けんお）する、憎む	**Talib:** タリバンの一員 **even if:** たとえ〜だとしても	**in front of:** 〜の前に

Malala's Speech at the United Nations:
Not to Be Silenced

■それは聖人たちと両親から学んだ教え

　This is the compassion that I have learned from Muhammad, the prophet of mercy, and Jesus Christ and Lord Buddha. This l... This is the legacy of change that I have inherited from Martin Luther King, Nelson Mandela and Muhammad Ali Jinnah. This is... This is the philosophy of nonviolence that I have learned from Gandhi Jee, Bacha Khan and Mother Teresa. And this is the forgiveness that I have learned from my father and from my mother. And... This is what my soul is telling me: Be peaceful and love everyone.

compassion: 思いやり、慈悲心 **Muhammad:** ムハンマド　▶570ごろ-632。イスラム教の開祖である預言者。マホメットとも言う。 **prophet:** (神の言葉の)預言者 **mercy:** 慈悲、情け	**legacy:** 受け継がれたもの、遺産 **inherit:** 〜を受け継ぐ、相続する **Martin Luther King:** マーティン・ルーサー・キング　▶1929-1968。米国公民権運動の指導者。「I Have a Dream」のスピーチで知られる。1964年のノーベル平和賞受賞者。	**Nelson Mandela:** ネルソン・マンデラ　▶1918-2013。南アフリカ共和国のアパルトヘイト撤廃に尽力し、1993年にノーベル平和賞受賞。1994年から1999年まで第8代大統領を務める。

国連演説
「ペンと本で世界は変わる」

　それが、私が慈悲深き預言者ムハンマドから、そしてイエス・キリストやお釈迦さまから学んだ慈悲の心です。それが、私がマーティン・ルーサー・キング、ネルソン・マンデラ、ムハンマド・アリー・ジンナーから受け継いだ変革の伝統です。それが……それが、私がガンジー・ジー、バシャ・カーン、マザー・テレサから学んだ非暴力の哲学です。そして、それは、私が父と母から学んだ寛容の心なのです。そして……私の魂は私にこう教えています。平和な心を持ち、万人を愛しなさい、と。

Muhammad Ali Jinnah:
ムハンマド・アリー・ジンナー ▶1876-1948。インド・ムスリム連盟の指導者、独立パキスタンの初代総督。パキスタン建国の父として知られている。
philosophy:
哲学、信条
non-violence:
非暴力

Gandhi Jee:
ガンジー・ジー ▶1869-1948。インド独立の父とされる宗教家。非暴力主義を唱導した。ジーは「さん」の意で、本人は尊称のマハトマよりジー付けを好んだ。
Bacha Khan:
バシャ・カーン ▶1890-1988。パシュトゥン人の独立運動家で「アフガンの誇り」とも呼ばれた。

Mother Teresa:
マザー・テレサ ▶1910-1997。カトリックの女子修道会「神の愛の宣教者会」の創立者。貧しい人々のための活動を全世界に広めた。1979年、ノーベル平和賞受賞。
forgiveness:
許し、寛容
peaceful:
平和な、落ち着いた

Track 19

MALALA'S SPEECH AT THE UNITED NATIONS:
Not to Be Silenced

■銃を目にしてペンと本の大切さに気づいた

　Dear sisters and brothers, we realise the importance of light when we see darkness. We realise the importance of our voice when we are silenced. In the same way, when we were in Swat, the north of Pakistan, we realised the importance of pens and books when we saw the guns.

　The wise saying "The pen is mightier than sword" was true. The extremists were and they are afraid of books and pens. The power of education… The power of education frightens them. They are afraid of women. The power of the voice of women frightens them. And that is why they killed 14 innocent students in the recent attack in Quetta. And that is why they killed female teachers and polio workers in Khyber Pakhtunkhwa. That is why they're blasting schools every day—because they were and they are afraid of change, afraid of equality that we will bring into our society.

realise: ＝realize　〜に気がつく、悟る **in the same way:** 同じように、同様に **Swat:** スワート　▶マララさんの故郷。 **wise saying:** 格言、金言 **The pen is mightier than (the) sword.:** ペンは剣よりも強し	**be afraid of:** 〜を恐れる、怖がる **frighten:** 〜を怖がらせる、おびえさせる **That is why:** それが〜の理由である、だから 〜なのだ **innocent:** 罪のない、心の清い **medical student:** 医学生	**recent:** 最近の、少し前の **attack:** 攻撃、襲撃 **Quetta:** クウェッタ　▶パキスタン西端の都市。アフガニスタンとの国境に近い。

国連演説
「ペンと本で世界は変わる」

　親愛なる兄弟姉妹の皆さん、私たちは暗闇を目にしたときに光の大切さに気づきます。私たちは沈黙を強いられたときに声の大切さに気づきます。同じように、パキスタン北部のスワートにいたころ、私たちは銃を目にしてペンと本の大切さに気づきました。

　「ペンは剣より強し」という格言は本当でした。過激派は昔も今も本とペンを恐れています。教育の力に……教育の力に彼らはおびえているのです。彼らは女性を恐れています。女性の声の力に彼らはおびえているのです。だからこそ、彼らはこのまえクウェッタを攻撃し、14人の罪のない学生たちを殺したのです。そして、だからこそ、彼らはカイバル・パクトゥンクワ州で女の先生たちやポリオ予防の活動家たちを殺したのです。だからこそ、彼らは日々学校を破壊しているのです――なぜなら、彼らは昔も今も変革を恐れ、私たちがこの社会に持ち込もうとしている平等を恐れているからです。

---

polio:
急性灰白髄炎（きゅうせいかいはくずいえん）、ポリオ　▶ウイルス性の伝染病。乳幼児がかかりやすく、手足のまひが一生残ることがある。世界的には根絶されつつあるが、パキスタンやアフガニスタンでは今なお流行中。タリバンは予防接種を行っている医療従事者をアメリカなどの手先と見なして攻撃している。

Khyber Pukhtoon Khwa:
カイバル・パクトゥンクワ州　▶パキスタン北西部の州で、アフガニスタンと国境をなす。スワートもこの州に属している。州都はペシャワール。

blast:
〜を爆破する、破壊する

bring A into B:
AをBに持ち込む、もたらす

MALALA'S SPEECH AT THE UNITED NATIONS:
Not to Be Silenced

■イスラムは平和と慈悲と友愛の宗教

　And I remember that there was a boy in our school who was asked by a journalist, "Why are the Taliban against education?" He answered very simply. By pointing to his book he said, "A Talib doesn't know what is written inside this book." They think that God is a tiny little conservative being who'd send girls to the hell just because of going to school. The terrorists are misusing the name of Islam and Pashtun society for their own personal benefits.

　Pakistan is a peace-loving, democratic country. Pashtuns want education for their daughters and sons. And Islam is a religion of peace, humanity and brotherhood. Islam says it's not only each child's right to get education; rather, it's their duty and responsibility.

point to:　～を指さす、指し示す **simply:**　簡単に、分かりやすく **tiny little:**　とても小さい、ちっぽけな **conservative:**　保守的な、新しいものを受け入れない	**being:**　存在、生命体 **hell:**　地獄 **misuse:**　～を誤用する、悪用する	**Pashtun:**　パシュトゥーン人　▶アフガニスタンで最大の人口を持つ民族で、パキスタンでもカイバル・パクトゥンクワ州を中心に全人口の11％を占める。マララさんたちユスフザイ一族もパシュトゥーン人。

国連演説
「ペンと本で世界は変わる」

　そこで私が思い出すのは、うちの学校にいた男の子が、「タリバンはなぜ教育に反対なのでしょう？」とジャーナリストから聞かれたときのことです。彼はとても明快に答えました。自分の本を指さし、「タリバン兵はこの本の中に何が書かれているのか知らないんです」と言ったのです。彼らの考えでは、神は、学校に行ったというだけの理由で女の子を地獄送りにするような、心のとても狭い存在です。テロリストたちはイスラムの名を騙り、パシュトゥン人社会を自分たちの個人的利益のために利用しているのです。

　パキスタンは平和を愛する民主国家です。パシュトゥン人は娘や息子に教育を与えたいと思っています。そして、イスラムは平和と慈悲と友愛の宗教です。イスラムの教えでは、教育を受けることは子ども各人の権利というだけでなく、むしろ義務であり責任なのです。

benefit: 利益、得 **peace-loving:** 平和を愛する **democratic:** 民主制の、民主主義の	**religion:** 宗教、宗派 **humanity:** 思いやり、慈悲心 **brotherhood:** 兄弟愛	**rather:** それどころか、むしろ **duty:** 義務、務め **responsibility:** 責任、責務

MALALA'S SPEECH AT THE UNITED NATIONS: Not to Be Silenced

Track 21

■戦争に私たちは本当に疲れ切っている

Honourable Secretary-General, peace is necessary for education. In many parts of the world, especially Pakistan and Afghanistan, terrorism, wars and conflicts stop children to go to their schools. We are really tired of these wars. Women and children are suffering in many ways in many parts of the world.

In India, innocent and poor children are victims of child labour. Many schools have been destroyed in Nigeria. People in Afghanistan have been affected by the horrors of extremism for decades. Young girls have to do domestic child labour and are forced to get married at early age.

Poverty, ignorance, injustice, racism and the deprivation of basics...basic rights are the main problem faced by both men and women.

be necessary for: 〜に必要である、不可欠である **conflict:** 争い、紛争 **be tired of:** 〜に疲れている、うんざりしている **suffer:** 苦しむ、苦痛を感じる	**victim:** 犠牲者、被害者 **child labour:** = child labor 児童労働、児童就労 **destroy:** 〜を壊す、破壊する	**be affected by:** 〜の影響を受ける、被害を受ける **horror:** 恐怖、戦りつ **extremism:** 過激思想、急進主義 **decade:** 10年

国連演説
「ペンと本で世界は変わる」

　国連事務総長閣下、教育には平和が必要です。世界の多くの地域、特にパキスタンやアフガニスタンでは、テロや戦争や紛争のせいで子どもたちが通学できずにいます。こうした戦争に私たちは本当に疲れ切っています。女性と子どもたちは、世界のいろいろな地域で、さまざまな形の苦しみを味わっているのです。

　インドでは、罪のない貧しい子どもたちが児童労働の犠牲者になっています。ナイジェリアではたくさんの学校が破壊されました。アフガニスタンの人々は何十年も過激思想の恐怖に悩まされてきました。女の子は幼いときから家事労働をしなくてはならず、やがて若年結婚を強いられるのです。

　貧困と無学、不当な扱いや人種差別、基本的権利の剥奪(はくだつ)は男女両性が直面している大きな問題です。

---

domestic:
家庭の、家庭内の
be forced to do:
～することを強制される、～せざるをえない
at early age:
▶at an early age とするのが文法的には正しい。

poverty:
貧乏、貧困
ignorance:
無知、無学
injustice:
不公平、不当な扱い

racism:
人種差別、人種差別主義
deprivation:
剥奪（はくだつ）、喪失
face:
～に直面する、ぶつかる

Malala's Speech at the United Nations:
Not to Be Silenced

■重要なのは女性が自立して自力で闘うこと

　Dear fellows, today I'm focusing on women's rights and girls' education because they're suffering the most. There was a time when women social activists asked men to stand up for their rights. But this time, we will do it by ourselves. I'm not telling men to step away from speaking for women's rights; rather, I'm focusing on women to be independent, to fight for themselves.

fellow: 仲間、同じ立場の人 focus on: 〜に焦点を合わせる、集中する	social activist: 社会活動家、社会運動家 stand up for: 〜のために立ち上がる、立ち向かう	this time: 今度は、今回は by oneself: 独力で

国連演説
「ペンと本で世界は変わる」

　親愛なる仲間の皆さん、今日、私は女性の権利と女の子の教育を中心にお話しさせていただいていますが、それは最も苦しんでいるのが彼女たちだからです。かつては、女性の社会運動家が男性に女性の権利のために立ち上がることを求めた時期もありました。しかし、今度は、私たちが自分で立ち上がります。女性の権利を主張することから男性は身を引けと言っているのではありません。そうではなく、女性が自立して自力で闘うことを私が重要視しているということです。

step away from: 〜から一歩離れる、〜と決別する	independent: 独立した、自立した	for onself: 自力で

Malala's Speech at the United Nations:
Not to Be Silenced

■今こそ声を上げる時

So dear sisters and brothers, now it's time to speak up. So today, we call upon the world leaders to change their strategic policies in favour of peace and prosperity. We call upon the world leaders that all the peace deals must protect women's and children's rights. A deal that goes against the rights of women is unacceptable.

We call upon all governments to ensure fr...free compulsory education all over the world for every child. We call upon all the governments to fight against terrorism and violence, to protect children from brutality and harm.

It's time to do: 〜する時がきた、今こそ〜する時だ **call on/upon...to do:** …に〜するよう呼びかける、求める **strategic:** 戦略的な、目的達成に重要な	**policy:** 政策、方針 **in favour of:** ＝in favor of 〜を支持して、〜に賛成して **prosperity:** 繁栄、隆盛	**peace deal:** 和平協定、和平交渉 **protect:** 〜を保護する、守る **go against:** 〜に反する、合わない

国連演説
「ペンと本で世界は変わる」

　ですから、親愛なる兄弟姉妹の皆さん、今こそ声を上げる時です。ですから、今日、私たちは世界の指導者に対し、重要政策を変えて平和と繁栄を支持するように呼びかけます。私たちは世界の指導者に対し、すべての和平協定は女性と子どもの権利を守るものでなければならないと呼びかけます。女性の権利に反する協定は認められません。

　私たちはすべての政府に対し、世界中のすべての子どもに無償の義務教育を保証するように呼びかけます。私たちはすべての政府に対し、テロや暴力に立ち向かい、子どもを残虐行為や危害から守るように呼びかけます。

unacceptable: 受け入れられない、容認できない ensure: 〜を保証する、確保する	compulsory education: 強制的な教育、義務教育 fight against: 〜に立ち向かう、〜と闘う	brutality: 残虐行為、蛮行 harm: 危害、損傷

Malala's Speech at the United Nations:
Not to Be Silenced

■女性の活躍を可能にするように呼びかける

We call upon the developed nations to support the expansion of education opportunities for girls in the developing world.

We call upon all the communities to be tolerant; to reject prejudice based on caste, creed, sect, colour, religion or gender; to ensure freedom and equality for women so that they can flourish. We cannot all succeed when half of us are held back.

We call upon our sisters around the world to be brave; to embrace the strength within themselves and realise their full potential.

developed nation: 先進国 **expansion:** 拡大、発展 **developing world:** 発展途上地域、発展途上世界 **community:** 地域社会、地域共同体	**tolerant:** 寛容な、寛大な **reject:** 〜を拒否する、受け入れない **prejudice:** 偏見、先入観 **(be) based on:** 〜に基づいている、根差している	**caste:** (ヒンドゥー教の) カースト、カースト制度 **creed:** (宗教上の) 信条、教義 **sect:** 教派、宗派

国連演説
「ペンと本で世界は変わる」

　私たちは先進諸国に対し、発展途上地域における女子の教育機会の拡大を支援するように呼びかけます。

　私たちはあらゆる地域社会に対し、寛容であるように、カースト・信条・宗派・肌の色・宗教・性別に基づく偏見を退けるように呼びかけ、女性に自由と平等を保証して女性の活躍を可能にするように呼びかけます。この社会の半数が抑圧されていたら、社会全体の成功はありえません。

　私たちは世界中の姉妹に対し、勇気を持つように、自分の内なる強さを生かして自分の可能性を最大限に発揮するように呼びかけます。

---

colour:
＝color　肌の色
gender:
（社会的・文化的な）性、性別
freedom:
（束縛からの）自由

so that...can do:
…が〜できるように
flourish:
活躍する、頭角を現す
hold back:
〜を押しとどめる、抑える

brave:
勇敢な、勇ましい
embrace:
〜を受け入れる、取り入れる
realise one's potential:
潜在能力を発揮する、可能性を発揮する

Malala's Speech at the United Nations:
Not to Be Silenced

■私たちは言葉の力と強さを信じている

Dear brothers and sisters, we want schools and education for every child's bright future. We will continue our journey to our destination of peace and education. No one can stop us. We will speak up for our rights, and we will bring change through our voice. We believe in the power and the strength of our words. Our words can change the whole world, because we are all together, united for the cause of education. And if we want to achieve our goal, then let us empower ourselves with the weapon of knowledge, and let us shield ourselves with unity and togetherness.

---

bright:
明るい、輝かしい
future:
未来、将来
journey:
旅、旅行

destination:
目的地、行き先
believe in:
〜の存在を信じる、〜を信頼する
united:
結束した、団結した

cause:
信念、大義
achieve one's goal:
目標を達成する

国連演説
「ペンと本で世界は変わる」

　親愛なる兄弟姉妹の皆さん、すべての子どもの明るい未来のために、私たちは学校と教育を求めています。平和と教育という目的地に向かう私たちの旅はこれからも続きます。私たちを止めることはだれにもできません。私たちは権利を求める声を上げ、やがて声を通して変化をもたらすつもりです。私たちは言葉の力と強さを信じているのです。私たちの言葉は世界全体を変えることができます。なぜなら、私たちみんなが教育という大義のもとに一致団結しているからです。そして、私たちが目標を達成したいと思うのなら、知識という武器で一緒に自分たちの力を高めましょう。団結と連帯によって自分たちを守りましょう。

empower: 〜に力を与える、〜を力づける weapon: 武器、兵器	knowledge: 知識、知恵 shield: 〜を保護する、かばう	unity: 統一、結束 togetherness: 一体感、連帯感

Track 26
Malala's Speech at the United Nations:
Not to Be Silenced

■本とペンを手に取ろう

　Dear brothers and sisters, we must not forget that millions of people are suffering from poverty, injustice and ignorance. We must not forget that millions of children are out of their schools. We must not forget that our sisters and brothers are waiting for a bright, peaceful future.

　So let us wage... So let us wage a global struggle against illiteracy, poverty and terrorism. Let us pick up... Let us pick up our books and our pens. They are our most powerful weapons. One child, one teacher, one book and one pen can change the world. Education is the only solution. Education first.

　Thank you.

must not do: 〜してはいけない forget: 〜を忘れる、思い出せない	wait for: 〜を待つ wage: (闘いなどを) 行う、遂行する	global: 世界規模の、全世界の struggle against: 〜との闘い、闘争

国連演説
「ペンと本で世界は変わる」

　親愛なる兄弟姉妹の皆さん、何百万もの人々が貧困や不当な扱いや無学に苦しんでいることを忘れてはいけません。何百万もの子どもたちが学校に行けないでいることを忘れてはいけません。少年少女たちが明るく平和な未来を待ち望んでいることを忘れてはいけません。

　ですから、無学や貧困やテロとの闘いを世界中で行いましょう。本とペンを手に取りましょう。それらは私たちの最も強力な武器です。ひとりの子ども、ひとりの教師、1冊の本、1本のペンが世界を変えうるのです。教育こそが唯一の解決策。教育第一(エデュケーション・ファースト)です。

　ありがとうございました。

（2013年10月号に一部を掲載）（訳　足羽万輝子＋編集部）

illiteracy: 非識字、無学	pick up: 〜を手に取る、手に入れる	solution: 解決法、解決策

Where Does Courage Come From?

父娘インタビュー
「世界一の勇気の育て方」

2013年のノーベル平和賞は10月11日に発表されたが、その直前には、マララさんが史上最年少で受賞するのではないかという下馬評が多くのメディアをにぎわせていた。最終的に受賞には至らなかったものの、ノーベル賞の呼び声がかかるほどの称賛を生んだ彼女の信念と、その信念を行動へと導いた勇気はいったいどこから来たのか、不思議に思う人も多い。

そこで、CNN上級国際特派員のクリスティアン・アマンプールが、10月10日にマララさんとその父親であるジアウディンさんに公開インタビューを行い、その疑問解明に挑んだ。ちなみに、マララさんはこの日、サハロフ賞を受賞している。

CD Track 28

INTERVIEW WITH MALALA AND HER FATHER:
Where Does Courage Come From?

■オープニング

Tonight, a question: Where does courage come from—real bravery, the sort that changes the world? In just a moment, before a live audience here in New York—some of them even here on the stage with me—I'll be talking to 16-year-old Malala Yousafzai, along with the remarkable man who raised her, her father, Ziauddin. And my mission is to find out what made one young girl in a remote corner of Pakistan decide, "I will stand up to the Taliban." What gave Malala the grit to defy some of the most murderous men on earth?

Christiane Amanpour (CNN Chief International Correspondent)   Malala Yousafzai and Ziauddin, welcome to the 92nd Street Y here in New York.
Ziauddin Yousafzai   Thank you.

---

courage: 勇気、勇敢 **come from:** 〜に由来する、〜によってもたらされる **bravery:** 勇気、勇敢さ **sort:** 種類、性質	**in just a moment:** もうすぐ、もうちょっとで **live audience:** 生の聴衆、生の観客 **along with:** 〜と一緒に、〜と共に **remarkable:** 並外れた、優れた	**raise:** 〜を育てる、養育する **mission:** 任務、使命 **find out:** 〜を探り出す、解明する **emote corner:** 人里離れた所、辺ぴな場所

父娘インタビュー
「世界一の勇気の育て方」

　今晩の疑問です。勇気は――世界を変えてしまうような真の勇気は――どこから来るのでしょうか。間もなく、ここニューヨークの会場に参加されているお客さまの前で――私のいるこのステージ上にもお客さまがいらっしゃいますが――16歳のマララ・ユスフザイさんと、彼女を育てた素晴らしい男性であるお父さま、ジアウディンさんにお話を伺います。私の任務は、パキスタンの辺ぴな地域の幼い少女に「タリバンに立ち向かおう」という決心をさせたのは何か、それを探り出すことです。世界で最も残忍な男たちの一派に立ち向かう勇気を、何がマララさんに与えたのでしょうか。

クリスティアン・アマンプール（CNN上級国際特派員）　マララ・ユスフザイさんとジアウディンさん、ここニューヨークの「92番街Y」にようこそ。

ジアウディン・ユスフザイ　ありがとうございます。

---

decide:
〜を決心する、決意する
stand up to:
〜に対して立ち上がる、立ち向かう
Taliban:
タリバン　▶パキスタンとアフガニスタンで活動するイスラム原理主義組織。

grit:
(困難に立ち向かう) 勇気、気概
defy:
〜に反抗する、たて突く
murderous:
殺人をいとわない、残忍な

on earth:
地球上で、この世で
92nd Street Y:
92番街Y　▶ニューヨークにある多目的文化施設の名称。

INTERVIEW WITH MALALA AND HER FATHER:
Where Does Courage Come From?

■銃撃された日を振り返る

Amanpour   Let me take you back to that incredible day, a year ago. Do you remember, Malala, what happened to you on that bus, when somebody asked your friends, "Who is Malala?"

Malala Yousafzai   He did not give me time to answer his question. And my friend told me—my best friend Moniba—that, "At that time, you just squeezed my hand, you just pushed it with force, and you did not say anything." And then, in the next few seconds, he fired three bullets. One bullet hit me in the left side of my forehead, just above here, and it went down through my neck and into my shoulder. And I think I was hit by only one bullet. And it also affected my eardrum, so now I have problem in listening as well. It also cut down my facial nerve.

But still, if I look at it, it's a miracle. My brain is saved. My spinal cord is saved. Everything is fine. I am alive. And I still can talk. I can smile. So I thank God for that.

---

take A back to B:
AをBに連れ戻す、引き戻す
incredible:
信じられない、とてつもない

that, "At that time...":
▶間接話法（人の発言を自分の言葉に直して伝える方法）の場合はthatを用いて発言内容を導くが、ここは直接話法（" "でくくって、人の発言をそのまま伝える方法）なので、文法上、thatは不要。以下にも同様の例が見られることに注意。

squeeze:
〜をぎゅっと握る、強くつかむ
with force:
力で、無理に
fire a bullet:
銃弾を発射する、発砲する
hit A in B:
A（人）のB（部位）に当たる、命中する

父娘インタビュー
「世界一の勇気の育て方」

アマンプール 1年前のあの信じられない日に戻ってもらいましょう。マララさん、あのバスで自分の身に起こったことを覚えていますか。あのとき、何者かがあなたの友達に「マララはどの子だ？」と尋ねたのですよね。

マララ・ユスフザイ その男は質問に答える間も私に与えませんでした。友達が言うには――親友のモニバですが――「あのとき、あなたはただ私の手をぎゅっと握り、その手を強く押し付けたの。あなたは何も言わなかった」そうです。それから、その後の数秒で彼は3発の銃弾を発射しました。1発は私の額の左側、つまりちょうどこの上のところに当たり、下向きに首を貫通して肩に達しました。私に当たったのは1発だけだと思います。その1発が鼓膜にも影響して、私、今は聴覚障害もあるんです。また、銃弾で顔の神経も切れてしまいました。

　それでも、考えてみると、これは奇跡です。脳は助かっています。脊髄も助かっています。なんともありません。私は生きています。そして、今も話すことができます。笑うことができます。ですから、それを神に感謝しているんです。

forehead: 額（ひたい） **go down through:** 〜を通って下に行く、下向きに通過する **affect:** 〜に影響を与える、影響を及ぼす **eardrum:** 鼓膜	**have problem in listening:** ▶have problems hearingなどの言い方が一般的。 **as well:** おまけに、その上 **facial nerve:** 顔面神経 **but still:** それでも、それにもかかわらず	**look at:** 〜を考察する、検討する **miracle:** 奇跡、驚くべきこと **brain:** 脳、大脳 **spinal cord:** 脊髄（せきずい） **alive:** 生存中の、生きている

INTERVIEW WITH MALALA AND HER FATHER:
Where Does Courage Come From?

■意識が戻ると、周囲は英語を話していた

Amanpour   Your father has been so close to you all your life. It must be still so difficult for you to listen to the retelling of this story.

Z. Yousafzai   Even to think of it is very difficult, because in this universe, she's the most precious person for me in my life. And we are not only father and daughter; we are friends.

Amanpour   But what was it like when you woke up, finally, after all that trauma? What...what...what did you discover in that hospital room? Who was with you? What was it like to be awake again?

M. Yousafzai   When I woke up, I realized that now I am not in Pakistan. The nurses and doctors, everyone was speaking in English. Then, the first thing I did was that I thanked Allah, I thanked God, 'cause I was surviving, I was living.

be close to: 〜に近い、〜の身近にいる **retelling:** 再び語ること、再述 **universe:** 宇宙、全世界	**precious:** 貴重な、大事な **in one's life:** 一生にわたって、生涯ずっと **wake up:** 目を覚ます、覚醒（かくせい）する	**finally:** 最終的に、ようやく **all that:** あれだけの、それほどの **trauma:** 心的外傷、トラウマ

父娘インタビュー
「世界一の勇気の育て方」

アマンプール　あなたの人生にはいつもお父さまがすぐ側にいらっしゃいました。この事件のことがまた話されているのを聴くのは、きっとまだかなりおつらいのでしょうね。

ジアウディン　事件のことを考えるのも非常につらいですよ。この世の中で、マララはいつでもずっと私にとって最も大切な人間ですから。それに、私たちは単なる父と娘ではないんです。私たちは友達なんです。

アマンプール　でも、ようやく意識が戻ったときはどんな感じでしたか。その前に、あれほどの心の傷を負ったわけですが。何が……その病室では何が目に入りましたか。そばにはだれがいたのでしょう？　再び目覚めたときはどんな感じでしたか。

マララ　目覚めたときに、今いるのはパキスタンじゃないって気づきました。看護師や医師がみんな英語をしゃべっていたんです。それで、私が最初にしたのは、アッラーに感謝すること、神に感謝することでした。だって、私は命をなくさずに生きていたのですから。

---

discover:
〜を発見する、見いだす
hospital room:
病室
awake:
目覚めた、起きている

realize that:
〜であると気づく、悟る
Allah:
《アラビア語》アッラー　▶イスラム教における唯一絶対の神。

'cause:
＝because　なぜなら
survive:
生き残る、生き延びる

INTERVIEW WITH MALALA AND HER FATHER:
Where Does Courage Come From?

■父と母のことが心配だった

M. Yousafzai   And, you know, I cannot explain it, how happy I was, how much happy. I cannot explain it, because I was very happy when I saw myself alive and when I saw that I am living and I am surviving.

And then, I was thinking about my father and my mother as well. And I could not speak at that time, because there was a tube in my neck that was breathing for me. So I asked for a pen and a paper from the nurse. And I wrote to many doctors; I did it a lot of times. And I wrote to them, "Where is my father and my mother?" And so they told me that, "Your father is safe, and he will come soon—as soon as possible."

explain: 〜を説明する、解説する **how much happy:** ▶文法的には正しくない表現。how very happy などとするとよい。	**tube:** 管、チューブ **breathe:** 息をする、呼吸する	**a paper:** ▶この paper は不可算名詞なので、文法上、a は不要。

父娘インタビュー
「世界一の勇気の育て方」

マララ　それに、えーと、説明しようがないですね、私がいかにうれしかったか、どれほどのうれしさを感じたかは。説明しようがないです。だって、自分が生きていると分かったとき、自分が死なずに生き延びていると分かったとき、とてもうれしかったのですから。

　その後、父と母のことも考えていました。その時点では、私は口がきけなかったんです。首にチューブが付けてあって、それが私の呼吸器の役割を果たしていたからです。それで、看護師さんにペンと紙をお願いしました。病院のいろんな先生にメモを渡しました。何度も何度もです。先生たちへのメモには「父と母はどこでしょう？」と書きました。それで教えてもらったんです、「きみのお父さんは無事で、すぐに――できるだけ早く――やって来るよ」って。

a lot of times: 何度も、何回も	safe: 安全な、無事な	as soon as possible: できるだけ早く、可能な限り早く

Interview with Malala And Her Father:
Where Does Courage Come From?

■病院の支払いのことを考えていた

M. Yousafzai   And the second question that was really important for me, and about which I was thinking, that, "Who will pay for me? 'Cause I don't have money." And I was a... I also knew that my father is running a school, but the buildings of the schools are on rent, the s...the home is on rent, and he cannot sell his school. So that's simple.

And then, I thought, like, "OK, so your father has a land in a village. He can sell it." But I said, "It...it is...is a very few money, a few amount of money." Then I was thinking he might be asking people for a loan.

So that's why I thought that... I didn't know that...that the whole world was praying for me and are still praying for me. They are supporting me. And now I believe that when people pray, when people pray to God, for life, God gives. God is really honest. God listens to his peoples' voice, so...

pay for:	be on rent:	a very few money:
～の代金を支払う	▶「賃貸されている、借りている」の意と思われるが、通常の英語ではbe rentedと言う。	▶moneyは不可算名詞なので、文法的に正しくない表現。very little moneyなどとするとよい。
run:	**land:**	
～を運営する、経営する	土地、所有地	

父娘インタビュー
「世界一の勇気の育て方」

マララ それから、ふたつめの疑問が私にとってはとても重要で、それについて思いを巡らせていました。それは、「私の支払いはだれがするのだろう？ だって、私にはお金がないのよ」ということです。私は……私には、父が学校を経営しているとはいっても、校舎は借り物だし、家も賃貸だし、学校を売るわけにはいかないということも分かっていました。ですから、それは素直な疑問だったんです。

それから、私はこんなふうに考えました。「よし、それなら村にお父さんの土地があるわ。あれは売れる」。でも、自分が言うのです。「それははした金にしか、ほんのわずかな額にしかならないわ」と。それで、父が人に借金を頼むのではないか、などと考えていました。

だから、私の考えでは……私は知らなかったんです、世界中が私のために祈ってくれていたなんて、そして今も祈ってくれているなんて。そういう皆さんが私を支えてくださっています。今、私は、人々が祈れば、神に祈って命を救おうとしたならば、神はかなえてくださると信じています。神は本当に誠実です。神は人々の声に耳を傾けてくださいますから……

---

a...amount of:
…の量の、…の額の ▶a few amount of money は文法的に正しくない表現。a small amount of money などとするとよい。

ask...for a loan:
…に借金を申し込む、頼む

that's why...:
だから…、そういうわけで…

pray for:
〜のために祈る

support:
①〜を支える、支援する ②支持、支援

honest:
正直な、誠実な

Interview with Malala and Her Father: Where Does Courage Come From?

■世界中が祈ってくれたことの不思議

Amanpour   What do you think it is about you that caused the whole world to pray for you and the whole world to light candles when you were wounded and the whole world to wish for you to be here today?

M. Yousafzai   I think I must ask the whole world that why did they pray for me?

Z. Yousafzai   Interesting.

M. Yousafzai   And the first thing is that it shows humanity; it shows love; it shows friendship; and it shows harmony. Because not only the people of Pakistan, not only Muslims, not only Pashtuns, but everyone prayed for me. It did not matter what religion they had—if they were Christians, they were Jews, the...they did not even had religion—but they prayed for me, and they prayed for my new life.

cause...to do: …に〜させる、…が〜する事態を引き起こす **light:** 〜に火を付ける、点灯する **wounded:** 負傷した、けがをしている	**wish for...to be:** …が〜であることを強く望む、願う **show:** 〜を見せる、示す **humanity:** 思いやり、慈悲心	**friendship:** 友情 **harmony:** 調和、融和 **not only A but (also) B:** Aだけでなく Bも、Aばかりでなく Bも

父娘インタビュー
「世界一の勇気の育て方」

アマンプール　引き起こされた事態の中心に自分がいることをどう思いますか。あなたが負傷したときには世界中があなたのために祈り、世界中がロウソクを灯(とも)しましたし、あなたが今日ここに来ることを世界中が望みましたが。

マララ　なぜ私のために祈ってくださったのか、世界中に尋ねずにはいられない気分です。

ジアウディン　面白い。

マララ　第一に、そこには慈悲の心が示されています。愛が示されています。友愛が示されています。調和が示されています。パキスタンの国民だけでなく、イスラム教徒だけでなく、パシュトゥン人だけでなく、すべての人が私のために祈ってくださいました。どんな宗教を持っているかに関係なく――キリスト教徒であれ、ユダヤ教徒であれ、たとえ無宗教であっても――私のために祈り、私の新しい命のために祈ってくださいました。

Muslim:
イスラム教徒、ムスリム
Pashtun:
パシュトゥン族、パシュトゥン人
▶アフガン人とも呼ばれ、アフガニスタン(「アフガン人(パシュトゥン人)の国」という意味)およびパキスタンに多く居住する。

It doesn't matter what...:
どんな…であるかは関係ない、問題でない
religion:
宗教、信仰

Jew:
ユダヤ人、ユダヤ教徒
did not even had:
▶文法上、did not even have とするのが正しい。

Interview with Malala And Her Father: Where Does Courage Come From?

■なぜ大きな使命を抱くようになったのか

Amanpour Do you think, though, that it was not just because you're a lovely girl, but because you had a fundamental mission and that you spoke out about it in the most unusual way. What was it that you were thinking before all of this? What was your, you know, your life about in terms of education, in terms of being prepared to defy the very violent opposition that you were facing?

M. Yousafzai At that time, when we were facing terrorism in Swat, and especially in 2009, the Radio Mullah—which we call him—he announced on radio that from the 15th of January, 2009, no girl is allowed to go to school.

though: しかし、けれども **lovely:** 愛らしい、かわいい **fundamental:** 根本的な、極めて重要な **mission:** 任務、使命 **speake out:** ずばりと言う、堂々と意見を述べる	**unusual:** 普通でない、珍しい **you know:** (言葉に詰まって) ほら、あの **in terms of:** 〜に関して、〜の観点から **education:** 教育	**be prepared to do:** 〜する準備ができている、覚悟ができている **violent:** 暴力的な、凶暴な **opposition:** 敵、敵対者 **face:** 〜にぶつかる、直面する

父娘インタビュー
「世界一の勇気の育て方」

アマンプール　しかし、それは単にあなたがかわいい女の子だからではなく、あなたがとても大きな使命を抱いていたからだとは思いませんか。そして、自分がそれについて最も目立つかたちで発言していたとは思いませんか。こういうあれこれが起こる前は、どういうことを考えていたのでしょう？　教育という観点や、目の前にいる非常に凶暴な敵に立ち向かう覚悟という観点からすると、あなたの人生はどういうものだったのでしょう？

マララ　その当時は、私たちがスワートでテロに直面していたころで、特に2009年にはラジオ説教師――私たちは彼をそう呼んでいます――が、2009年1月15日からは女の子が学校に行くことは許されないとラジオで通告したのです。

---

terrorism:
テロ行為、テロリズム
Swat:
スワート　▶パキスタン北西部のスワート渓谷を中心とする地方。
especially:
特に、とりわけ

Radio Mullah:
ラジオ説教師　▶パキスタン最大の武装勢力「パキスタン・タリバン運動」のファズルラ師を指す。FM放送を使ってスワート一帯に自分たちの思想を広めた。
which we call him:
▶as we call him または whitch is what we call him とするほうが適切。

announce that:
〜であると告知する、発表する
be allowed to do:
〜することを許される、〜してもよい

Interview with Malala And Her Father: Where Does Courage Come From?

■意見を言ってから殺されたほうがまし

Amanpour   No girls to school?

M. Yousafzai   "No girl is allowed to go to school. And if she goes, then you know what we can do." That was his threat. What they did... They used to flog girls. They used to flog women. They also slaughtered people in the squares of Mingora. They treated people like animals. At that time, I did not want to be silent, because I had to live in that situation forever. And it was a better idea, because otherwise they were going to kill us. So it was a better idea to speak and then be killed.

threat: 脅迫、脅し **used to do:** よく〜したものだ、以前は〜したものだった	**flog:** 〜をひどくたたく、むち打つ **slaughter:** 〜を虐殺する、大量に殺す	**square:** 広場、公園 **Mingora:** ミンゴラ ▶スワート最大の町で、マララさんの出身地。

父娘インタビュー
「世界一の勇気の育て方」

アマンプール　学校は女子禁制だと？
マララ　「女の子が学校に行くことは許されない。もし行ったら、われわれがどうするか分かっているな」。そう言って彼は脅したのです。彼らが何をしたかというと……彼らはよく女の子をむち打っていました。よく女性をむち打っていました。また、彼らはミンゴラの広場で人々を虐殺したのです。人々を動物のように扱いました。そのとき、私は黙っていられないと思いました。だって、私はその状況の中でずっと暮らしていかなくてはならなかったのですから。そのほうがましと思えたのです。そうでなくても彼らは私たちを殺そうとしていたからです。ですから、意見を言ってから殺されたほうがましと思えたのです。

---

treat:
〜を扱う、遇する
silent:
沈黙した、口をつぐんだ

situation:
状態、立場
forever:
永遠に、ずっと

otherwise:
さもなければ、そうしないと

Interview with Malala And Her Father: Where Does Courage Come From?

■タリバンに立ち向かう娘を父は励ました

Amanpour　Let me ask you a difficult question.

Z. Yousafzai　Go on.

Amanpour　This was your teenage daughter. She was really a young girl.

Z. Yousafzai　Yeah.

Amanpour　And she's just described this enormous public profile that she had. That she spoke... It's so unusual for girls or anybody to defy the Taliban—most particularly girls—in that manner. And you encouraged her.

Z. Yousafzai　Yes, of course.

---

go on: 続ける、先へ進む **teenage:** 10代の、ティーンエイジャーの ▶-teen が付く 13歳 (thirteen) から 19歳 (nineteen) までを指す。	**describe:** ～を述べる、表現する **describe:** ～を表現する、説明する	**enormous:** 巨大な、途方もない **have a public profile:** 世間の注目を浴びる、脚光を浴びる

父娘インタビュー
「世界一の勇気の育て方」

アマンプール　難しい質問をさせてください。
ジアウディン　どうぞ。
アマンプール　この子はあなたの娘でティーンエイジャーです。実に若い女の子です。
ジアウディン　ええ。
アマンプール　彼女は今、自分はこれほど大きな注目を浴びてきたのだということを説明してくれました。彼女が話したこと……女の子であれだれであれ、そんなふうにタリバンに立ち向かうことは、大変まれです——特に女の子の場合は最もそうでしょう。あなたは彼女を励ましたのですよね？
ジアウディン　はい、もちろんです。

| particularly:
特に、とりわけ | in that manner:
そういうふうに、そんな具合に | encourage:
〜を勇気づける、励ます |

Track 37
Interview with Malala And Her Father:
Where Does Courage Come From?

■パシュトゥーン人が自由に関して妥協することはない

Amanpour   Do you feel any remorse, any regret, any wish that you hadn't made her so public and such a big target?

Z. Yousafzai   No, never. Remember, I am a Pashtun Pakistani. I can never compromise on freedom. My approach is, I think that [it's] better to live for one day to speak for your right and...than to live for 100 years in such a slavery. I will never put my...my neck into the yoke of slavery.

remorse: 深い後悔、自責の念 **regret:** 後悔、残念な思い **wish that:** 〜であったらという願い、望み	**make...public:** …を世間に知らせる、有名にする **target:** 標的、攻撃目標 **Pakistani:** パキスタン人	**compromise on:** 〜に関して妥協する、譲歩する **freedom:** 自由、解放

父娘インタビュー
「世界一の勇気の育て方」

アマンプール　何らかの自責の念や後悔を抱いたり、彼女をこれほど有名にしなかったらこれほど大きな攻撃目標にもならなかったのにという思いを抱いたりすることはありませんか。

ジアウディン　いいえ、まったくないです。忘れないでください、私はパシュトゥン系のパキスタン人なのです。自由に関して妥協することは絶対にありえません。権利を主張して1日生きるほうが奴隷状態で100年生きるよりもましだと考えるのが、私の姿勢です。奴隷のくびきに自分の首を差し出すようなまねは絶対にしません。

---

approach:
やり方、取り組みの姿勢
right:
権利

100 years:
▶ここではhundred yearsと言われているが、a hundred yearsまたはone hundred yearsと言うのが正しい。
slavery:
奴隷状態、奴隷の身分

yoke:
くびき　▶複数の大型家畜にスキなどを引かせる際に、それぞれの首を挟むかたちで家畜を繋げる横木。

Track 38
INTERVIEW WITH MALALA AND HER FATHER:
Where Does Courage Come From?

■なぜ故ブット首相がヒーローなのか

Amanpour You wanted to be a doctor, but your dad wanted you to be a politician. You wrote very nicely about that in your book, and you said, "No, I don't want to be a politician." This was before. Now, you write that one of your heroes, one of the people you admire the most, was Benazir Bhutto, Pakistan's first female prime minister and also someone who was brutally murdered by the Taliban. Tell me about Benazir Bhutto and what she means to you. And do you want to be prime minister of Pakistan?

M. Yousafzai When I was in Swat, and... It's the culture that a woman can only be a doctor or a teacher if she gets education. Otherwise, she has to be a housewife and feed the children and live a life according to what man says in just the four boundaries of a house.

politician: 政治家 **nicely:** 見事に、上手に **admire:** 〜を称賛する、賛美する	**Benazir Bhutto:** ベナジル・ブット ▶1953年生まれ。パキスタン人民党の総裁就任後、1988年にイスラム諸国初の女性首相に。2007年、銃撃と自爆テロにより殺害される。	**prime minister:** 首相 **brutally:** 残酷に、残忍に **murder:** 〜を殺す、殺害する

父娘インタビュー
「世界一の勇気の育て方」

アマンプール　あなたは医者になりたかったのに、お父さまはあなたが政治家になることを望んでいらっしゃった。そのことをあなたはとてもうまく本に書いていますが、「いやよ、政治家にはなりたくないわ」と言ったのですね。以前はそうだった。でも今は、あなたが書くところによると、あなたのヒーローのひとり、最も称賛する人のひとりがベナジル・ブットだったそうですね。彼女はパキスタン初の女性首相で、タリバンに無残な殺され方をした人物でもあります。ベナジル・ブットについて、彼女はあなたにとってどんな意味を持つのかについて、教えてください。それに、あなたはパキスタンの首相になりたいと思っているのでしょうか。

マララ　スワートにいたころは……そこの文化では、教育を受けたとしても、女性は医者か教師にしかなれないのです。さもなければ、主婦になって子どもを養い、男性の言うことに従いながら、四方の壁に囲まれた屋内だけで人生を送らなければなりません。

---

mean:
〜を意味する、〜という意味を持つ
culture:
文化
housewife:
主婦

feed:
〜に食べ物を与える、〜を養う
according to:
〜に従って、〜を拠り所として

what man says:
▶what a man says とするのが文法的には正しい。
boundary:
境界

Track 39

Interview with Malala And Her Father:
Where Does Courage Come From?

■パキスタンの首相になりたい

M. Yousafzai   I was thinking to become a doctor because everyone in our classroom says they want to become a doctor. But when I was looking at the situation of Swat, when I saw that the government is not taking an action, and when I saw that the responsible people are not saying anything, and then later on, I knew that...I realized that becoming a doctor, I can only help a small community, but by becoming a politician, I can help my whole country.

I want to become a prime minister of Pakistan, and I think it's...it's really good, because, through politics, I can serve my whole country; I can be the doctor of the whole country; and I can help children to get...to get education, to go to school; I can improve the quality of education; and I can spend much of the money from the budget on education.

government: 政府、政府機関 take (an) action: 措置を講じる、行動を起こす ▶この意味の場合、通常、冠詞 an は付けない。	responsible: 責任のある、責任を負うべき later on: 後で、後になって	serve: 〜のために働く、尽くす improve: 〜を改善する、向上させる

父娘インタビュー
「世界一の勇気の育て方」

マララ　私が医者になろうと考えていたのは、うちのクラスではみんなが医者になりたいと言うからです。でも、スワートの状況を考えていたら、政府が措置を講じないでいるのを見たら、責任ある人々が何も言わずにいるのを見たら、そうしたらそのうちに分かった……気づいたんです、医者になっても小さな地域社会を助けられるだけだけど、政治家になることで母国全体を助けることができるって。

　パキスタンの首相になりたいと思っていますし、それは本当によいことだと思っています。だって、政治を通して、母国全体への奉仕ができるのですから。国全体を治療する人になれるのですから。そして、子どもたちに教育を受けさせる手助けが、学校に行かせる手助けができるのですから。教育の質を向上させることができるのですから。予算から多くのお金を教育に使うことができるのですから。

---

quality: 質、性質	spend: 〜を費やす、使う	budget: 予算、経費

Interview with Malala And Her Father:
Where Does Courage Come From?

■体を撃つことはできても夢を撃つことはできない

Amanpour   You still have huge dreams. They didn't take that away from you.

M. Yousafzai   They only can shoot a body, but they cannot shoot my dreams. And I think my dreams are living. The important thing...the important thing is that they shot me because they wanted to tell me that "We want to kill you and if... Stop your campaign," but they did a mistake, a biggest mistake: Now, I'm not afraid of death. First, I might have been, but now, I'm totally not afraid of death.

And when I look at the support of people, then I'm sure that this cause is never going to die. And we will see that a day will come [when] every child—whether girl or boy, whether black or white, whether Christian or Muslim—he or she will be going to school, *insha'Allah*.

huge: 巨大な、大量の **take A away from B:** BからAを取り上げる、奪い取る	**campaign:** 組織的運動、キャンペーン **mistake:** 誤り、間違い	**a biggest mistake:** ▶文法上、the biggest mistakeまたはa very big mistakeとするのがよい。

父娘インタビュー
「世界一の勇気の育て方」

アマンプール　あなたは今もとても大きな夢を抱いています。その夢がタリバンに奪われることはなかったのですね。

マララ　彼らにできるのは体を撃つことだけで、私の夢を撃つことはできません。私の夢は今も生きていると思います。重要なのは、彼らが私を撃ったのは「われわれはおまえを殺したいと思っている。もし……キャンペーンをやめろ」と私に伝えたかったからですが、その目論見(もくろみ)は失敗だった、これ以上ないほどの失敗だったということです。今、私は死ぬことを恐れていません。最初は恐れていたかもしれませんが、今は死ぬことをまったく恐れていないのです。

　それに、人々の支持を考えると、この大義が死にいくことは決してないだろうという思いが強まります。ですから、すべての子どもが――女の子だろうが男の子だろうが、黒人だろうが白人だろうが、キリスト教徒だろうがイスラム教徒だろうが――彼や彼女が学校に通う日が来るのを、やがて私たちは目の当たりにするでしょう。神の御心のままに(インシャラー)。

---

be afraid of:
〜を恐れる、怖がる
totally:
すっかり、まったく

be sure that:
〜であると確信する、間違いなく〜であると思う
cause:
信念、大義

insha'Allah:
《アラビア語》インシャラー　▶
字義は「神の御心のままに」で、イスラム教の絶対神であるアラーをたたえる言葉として使われる。

Interview with Malala and Her Father: Where Does Courage Come From?

■保守的な母親の支え

Amanpour   Malala, your mother kept purdah. She was very modest; she wore the full burka all the time; she was conservative. But she was a big powerhouse in your—and remains—in your family. Did she also support what you were doing?

M. Yousafzai   She supported both me and my father in our campaign for education, because she wanted to see peace in Swat. And she said that, "What you are doing is right."

And the other thing is that she supported us in everything but she was just telling me that, "Cover your face. Men are looking at you." Whenever I used to…I used to go to the market with her, she used to tell me, "Cover your face. See, that man is looking at you. That man is looking at you." I said, "Mom, I'm also looking at them. It doesn't matter."

---

purdah: パルダ ▶南アジアのイスラム教徒やヒンドゥー教徒の間に見られる女性隔離の慣習を指す。 **modest:** 謙虚な、控えめな	**burka:** ブルカ ▶イスラム教徒の女性が頭からかぶるベールの一種で、全身を覆うように着る。視覚確保のため、顔の部分のみ網状になっている。	**all the time:** 四六時中、年がら年中 **conservative:** 保守的な、伝統重視の

父娘インタビュー
「世界一の勇気の育て方」

アマンプール マララさん、あなたのお母さまは慣習(パルダ)を守っていました。とても控えめでした。どんなときにも全身にブルカをまとっていましたし、保守的でした。しかし、彼女はあなたの――そして他の人たちの――家族をとても元気づける存在でしたね。あなたがしていることを彼女も支持してくれたのでしょうか。

マララ 母は教育を求めるキャンペーンで私と父の両方を支えてくれましたが、それはスワートに平和を実現してほしかったからです。彼女は「あなたたちがやっていることは間違っていない」と言ってくれました。

　そのほかにもあらゆる面で私たちを支えてくれた母ですが、私には「顔を隠しなさい。男の人たちがあなたを見ているわ」と言ってばかりいましたね。よく母と市場(いちば)に行ったのですが、そういうときにはいつも言われたものです、「顔を隠しなさい。ほら、あの男の人があなたを見ているわ。あの男の人があなたを見ているの」って。私は「お母さん、私もあの人たちを見ているのよ。大したことじゃないわ」って言い返しましたけど。

---

powerhouse: 原動力になる人、精力的な人 **remains:** 残りもの、余り	**cover:** 〜を覆う、隠す **whenever:** 〜するときはいつでも、いつ〜しようとも	**see:** 《命令形》ほら、いいですか **matter:** 重要である、問題である

Track **42**

INTERVIEW WITH MALALA AND HER FATHER:
Where Does Courage Come From?

■英国に来てから母語の音楽が恋しくなった

Amanpour You're 16, really wise. What do you do that's girly? What do you like in movies, music, books?

M. Yousafzai The first and the important thing in my life is that I raise my voice against my brothers, so... And because they are still brothers and I'm, like, the only daughter, so it's very necessity to fight against them and to raise our voice against them.

And other than that, when I was in Pakistan, I liked Western music, like Justin Bieber, Selena Gomez. But when I came here...when I came to UK, then I was missing my own Pashto music and Urdu music. That's why now I listen to Pashto songs a lot.

Amanpour You know, the Queen of England has invited you to the palace. You're going, right?

M. Yousafzai Yes, I am going, because it's the order of the Queen; it's a command.

---

wise: 賢い、賢明な	**necessity:** 必要、不可欠	**Selena Gomez:** セレーナ・ゴメス ▶女優、歌手。1992年、米国生まれ。
girly: 女の子らしい、少女らしい	**fight against:** 〜と闘う、〜に立ち向かう	**(the) UK:** = (the) United Kingdom 英国
raise one's voice: 声を上げる、抗議する	**other than that:** それ以外に、それ以外では	**miss:** 〜がなくて寂しい、〜が恋しい
like: 《つなぎ言葉》その、まあ	**Justin Bieber:** ジャスティン・ビーバー ▶ミュージシャン、俳優。1994年、カナダ生まれ。	

父娘インタビュー
「世界一の勇気の育て方」

アマンプール　あなたは16歳で、本当に賢いですね。女の子らしいことはどうなのでしょう？　映画や音楽や本ではどういうのが好きですか。

マララ　私の人生における最初からの重大事は、弟たちに対して声を上げることなんです。だから……だって、彼らはずっと変わらず弟だし、私は、ほら、ひとり娘ですから、彼らと闘ったり、彼らに対して声を上げたりする必要がすごくあるんです。

　それ以外では、パキスタンにいたときにはジャスティン・ビーバーやセレーナ・ゴメスなんかの西洋音楽が好きでした。でも、ここに来て……英国に来てからは、母語であるパシュトー語の音楽やウルドゥー語の音楽が恋しくなっていました。だから、今はパシュトー語の曲をいっぱい聴いています。

アマンプール　ほら、あなたは英国女王から宮殿に招かれていますよね。行くでしょう？

マララ　はい、行きます。だって、女王さまのご指示ですから。ご命令ですから。

---

own:
自らの、自分自身の
Pashto:
パシュトー語　▶パシュトゥーン人の話す言語。

Urdu:
ウルドゥー語　▶パキスタンの国語。
invite:
〜を招待する、招く

palace:
宮殿、宮廷
order:
指令、命令
command:
命令、指令

Interview with Malala And Her Father:
Where Does Courage Come From?

■先進諸国の女の子には学校へ行ってほしい

M. Yousafzai   I would like to tell every girl in UK, in America, in the countries...the...in the developed countries, where education is available to them, that, "Go to schools and realize its importance before it is snatched from you as we have been suffered from that situation. So, going to school, doing homework on time, being good to teachers and being good to each other—it's a very important li...part of life, so go to school."

Amanpour   I need to introduce you to my son.
　　Thank you, Ziauddin.

Z. Yousafzai   And thanks to all the people who are here with us now. Thank you.

Amanpour   And thank you, Malala.

M. Yousafzai   Thank you.

Aired on October 14, 2013

| would like to do:
～したい
developed country:
先進国
be available to:
～に入手可能である、～の手に入る | Go to schools:
▶Go to schoolとするのが文法的には正しい。
snatch A from B:
BからAをひったくる、奪い取る | suffer from:
～に苦しむ、悩まされる　▶こでは受け身形で使われているが、文法的には正しくない。受動的なニュアンスを出したいのであればas we have been made to suffer from...などと表現するとよい。 |

父娘インタビュー
「世界一の勇気の育て方」

マララ　英国やアメリカや先進諸国の女の子みんなに言いたいのは、そうした国では彼女たちも教育を受けられるのですから、「学校に行ってください。そして、取り上げられてしまう前にその大切さに気づいてください。というのも、そういう状況の苦しみを私たちが味わわされてきたからです。ですから、学校に行くこと、期日を守って宿題をすること、先生に対して失礼のないこと、互いによくすること――こうしたことは人生におけるとても大切な要素です。ですから、学校に行ってください」ということです。

アマンプール　うちの息子をあなたに引き合わせないといけないですね。
　ありがとうございました、ジアウディンさん。

ジアウディン　今、私たちと一緒にこの会場にいらっしゃる方々全員に感謝します。ありがとうございました。

アマンプール　そしてマララさん、ありがとうございました。

マララ　ありがとうございました。

（未掲載）（訳　編集部）

---

do homework: 宿題をする on time: 時間通りに、時間を守って	introduce A to B: AをBに紹介する、引き合わせる	thank to all the people: ▶ thanks to all the people または thank you to all the people とするのが一般的。

■ CD ナレーション原稿

付録のCDでは、オープニングとエンディングに英語のナレーションが入っているほか、各記事の冒頭でタイトルが読み上げられています。それらの内容をここに示します。

■ Track 01

Thank you for buying *The Words of Malala Yousafzai*.
We begin with two interviews with Malala, one before she was shot by the Taliban, and the other after the shooting. Here is "Icon of Courage."

■ Track 11

Next up is Malala's speech at the United Nations: "Not to Be Silenced."

■ Track 27

And finally, we have CNN chief international correspondent Christiane Amanpour's interview with Malala and her father Ziauddin: "Where Does Courage Come From?"

■ Track 44

And that brings us to the end of this CD.
See you next time!

---

begin with:
〜から始める
shoot:
〜を撃つ、〜に向けて発砲する
shooting:
射撃、発砲
icon:
偶像、象徴
courage:
勇気、勇敢

next up:
次の番、次にくるもの
the United Nations:
国際連合、国連
silence:
〜を黙らせる
finally:
最後に、とうとう
chief:
上位の、上級の

international correspondent:
国際特派員、海外特派員
come from:
〜に由来する、〜によってもたらされる
bring A to B:
AをBまで運ぶ、連れて行く
See you next time.:
またお会いしましょう

外出先で、自宅で、TOEIC®の標準模試＋強化学習が受けられる！

スマートフォンでTOEIC®学習！

パソコンと連携させた学習ができます

TOEIC® 標準模試＋
（iPhone/Androidアプリ）

本アプリは無料ですが、学習機能のご利用には**有料のシリアルナンバー**が必要です。

200点台から900点台まで、どんなレベルの人にも対応

本アプリは、インターネットを使ったTOEIC対策として大好評の「u-CAT」をスマホ対応版としてカスタマイズしたものです。

学習の流れ

1. **模擬テストを受験**
   （100問×4回）

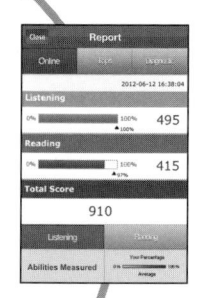

2. **スコアが瞬時に出てくる！**

3. **間違えたポイントをチェックして復習**

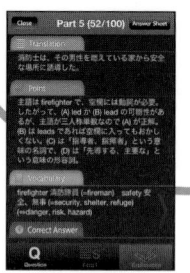

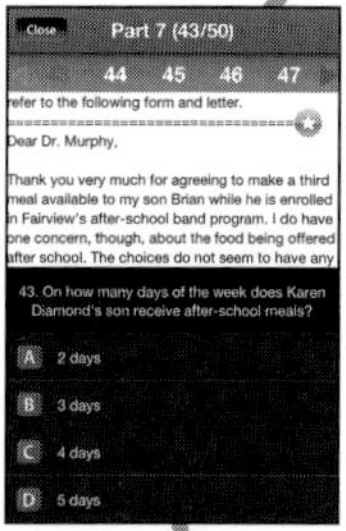

4. **1人ひとりに合わせた強化学習**
   （150問×3回）

iOS 4.3以上対応
（iPhone 6S〜3GS、iPod touch 第3〜5世代、iPad）、Android OS 2.1以上で使用可能

例えば、リスニング・セクションは通勤・通学時にスマホで、リーディング・セクションは自宅のPCでじっくりと、といったスマホ/PCの連携学習も可能です。

詳しい説明画面 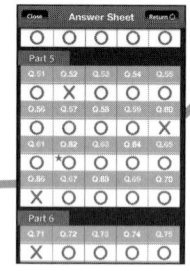　　テスト結果一覧

詳しくはこちら▶ http://www.asahipress.com/u-cat/

朝日出版社　〒101-0065 東京都千代田区西神田 3-3-5　TEL 03-3263-3321

TOEICサイトで公式問題集の効果的な使い方を
紹介してきた著者が教える「最強のトレーニング法」

TOEICテスト公式問題集の120%活用法

TOEICテスト公式問題集の120%活用法
[新形式問題対応編]
千田潤一
朝日出版社

最強のトレーニング法

TOEIC SQUAREで公式教材の効果的な使い方を紹介してきた著者が教える

千田潤一 著　◎CD付き
A5判　本体1600円＋税

『TOEICテスト公式問題集』を最高の"TOEIC対策本"としてだけでなく、最高の"トレーニングブック"として活用するための本

■TOEICテストの新しい出題形式
2016年5月から実施される変更点のポイント。

■準備編
1.「7つのトレーニング」でレベルアップ
2. なぜTOEICテスト公式問題集なのか？
3. やる気を「見える化」すべし！
4. トレーニング成功7つのポイント
5. トレーニングプランの作り方

■実践編
TOEICのスコアレベル別に、4技能（リスニング／スピーキング／リーディング／ライティング）を強化する最強のトレーニングを紹介！

2月18日発売

セレブたちの卒業式スピーチ

次世代に贈る言葉

セレブたちの**卒業式スピーチ**
次世代に贈る言葉
生声CD
対訳

アメリカ名門大学で語られた未来を担う者たちへのメッセージ

● ビル＆メリンダ・ゲイツ [マイクロソフト創業者夫妻]
● メリル・ストリープ [女優]
● ティム・クック [アップルCEO]
● アーノルド・シュワルツェネッガー [俳優・政治家]
● イーロン・マスク [テスラモーターズCEO]

電子書籍版付き
ダウンロード方式で提供

◎生声CD・対訳付き
A5判　本体1200円＋税

朝日出版社　〒101-0065 東京都千代田区西神田 3-3-5　TEL 03-3263-3321

CNNで最強のリスニング

電子書籍版付き
ダウンロード方式で提供

◎生声CD・対訳付き　A5判　各本体1000円＋税

世界標準の英語がだれでも聞き取れるようになる［30秒×3回聞き］方式！
1本30秒だから、聞きやすい！

CNNニュース・リスニング 2015［秋冬］

- ミス・ユニバース日本代表にハーフの波紋
- 「世界一の先生」に選ばれた米国の英語教師
- ニュージーランドで「ネットいじめ」が犯罪に
- NASAが「空飛ぶ円盤」の飛行実験　…など合計20本のニュースを収録

スティーブ・ジョブズ
伝説のスピーチ＆プレゼン

- 伝説のスタンフォード大学スピーチ
- 驚異のプレゼンでたどるジョブズの軌跡
- 伝記本の著者が明かすカリスマの素顔
- CNNが振り返るジョブズの功績

スタンフォードの「英語ができる自分」になる教室
ケリー・マクゴニガル

意識が変われば英語力はぐんぐん伸びる！英語をモノにする意志力の鍛え方、「なりたい自分」になるための戦略…など、だれも教えてくれなかった「学習のひみつ」をスタンフォード大学人気講師が解き明かす。

キャロライン＆ジョン・F・ケネディ演説集

- 新駐日米国大使の所信表明演説
- ワシントン大行進50周年記念スピーチ
- 伝説的なケネディ大統領就任演説
- 秘密保護を語る「大統領とメディア」演説

朝日出版社　〒101-0065 東京都千代田区西神田 3-3-5　TEL 03-3263-3321

『CNN ENGLISH EXPRESS』は
2016年4月号（3月発売）からリニューアル。
定価も1,240円に値下げします！

CNN ee
english express

CNNライブ収録CD付き　毎月6日発売
定価1,240円（税込）［2016年4月号より］

英語が楽しく続けられる！

重大事件から日常のおもしろネタ、
スターや著名人のインタビューなど、
CNNの多彩なニュースを
生の音声とともにお届けします。
3段階ステップアップ方式で
初めて学習する方も安心。
どなたでも楽しく続けられて
実践的な英語力が身につきます。

資格試験の強い味方！

ニュース英語に慣れれば、TOEIC®テストや英検の
リスニング問題も楽に聞き取れるようになります。

定期購読をお申し込みの方には
本誌1号分無料ほか、特典多数。
詳しくは下記ホームページへ。

CNN ENGLISH EXPRESS ホームページ

英語学習に役立つコンテンツが満載！

［本誌のホームページ］http://ee.asahipress.com/
［編集部のTwitter］http://twitter.com/asahipress_ee

朝日出版社　〒101-0065 東京都千代田区西神田 3-3-5　TEL 03-3263-3321

電子書籍版 (PDF) の入手方法

本書のご購入者は、下記 URL から申請していただければ、本書の電子書籍版(PDF)を無料でダウンロードすることができるようになります。PDF ファイルが開けるタイプのポータブルオーディオプレーヤーやスマートフォンに音声データとともに入れておけば、外出先に本を持ち歩かなくても内容を文字で確認することができて便利です。

申請サイト URL

http://www.asahipress.com/wmzai

【注意】
- PDF は本書の紙面を画像化したものです。電子書籍版に音声データは含まれません。音声データは本書付録の CD をご利用ください。
- 本書初版第 1 刷の刊行日 (2014 年 3 月 20 日) より 1 年を経過した後は、告知なしに上記申請サイトを削除したり電子書籍版 (PDF) の配布をとりやめたりする場合があります。あらかじめご了承ください。

[生声 CD & 電子書籍版付き]
【対訳】マララ・ユスフザイ 国連演説&インタビュー集

2014 年 3 月 20 日　初版第 1 刷発行
2016 年 2 月 15 日　　　第 5 刷発行

編　集	『CNN English Express』編集部
発行者	原　雅久
発行所	株式会社 朝日出版社
	〒101-0065 東京都千代田区西神田 3-3-5
	TEL: 03-3263-3321　FAX: 03-5226-9599
	郵便振替 00140-2-46008
	http://www.asahipress.com (HP) http://twitter.com/asahipress_com (ツイッター)
	http://www.facebook.com/CNNEnglishExpress (フェイスブック)
印刷・製本	凸版印刷株式会社
DTP	有限会社 ファースト
音声編集	ELEC (一般財団法人 英語教育協議会)
表紙写真	Rex Features/ アフロ
装　丁	岡本 健 + 遠藤勇人 (岡本健 +)

Ⓒ Asahi Press, 2014 All rights reserved. Printed in Japan　ISBN978-4-255-00767-0 C0082

CNN name, logo and all associated elements TM and Ⓒ 2014- Cable News Network. A TimeWarner Company. All rights reserved.